Madeleine STEIL

Au Pays des Etangs

Préface de Roger BICHELBERGER

roMan

EDITIONS DE L'EST

Dessin de couverture par Danielle Steil-Marchal
d'après une photo offerte par Mr E. Barthelemy.

Collection « Reflets et Racines » dirigée par Pascal Chipot

PREFACE

Pour le voyageur qui s'aventure au pays des étangs, en terre mosellane, la surprise est grande...

Emporté par monts et par vaux, il se livre avec délices à l'étrange et bienheureuse impression de laisser derrière lui le tourbillon moderne, la folie citadine et le flot meurtrier des routes. Il se sent à l'abri et son regard parcourt la vaste campagne, habitée seulement par le mystère d'un bosquet, la croupe d'une colline ou le miroir de quelque pièce d'eau sertie dans les joncs. Le calme d'abord l'impressionne, et puis l'étonne l'absence de toute présence humaine, sur des kilomètres et des kilomètres, fors ces rares automobilistes qu'il croise et ces plus rares villages encore qu'il traverse. L'étonnent aussi les envols d'oiseaux inconnus et ces ombres géantes et torses que le soleil promène sur le sol, nuages en exil ou fantômes d'un autre temps, de quelle mémoire échappés ? Sa voiture ralentit d'elle-même et c'est comme en rêve qu'il arrive au pays qu'il n'espérait plus, pays de l'ailleurs et de l'ici, d'autrefois et d'aujourd'hui, au pays des légendes. Quand il s'arrête à l'orée de l'étang, surpris, il attend.

A cette heure du jour, le soleil joue des mille reflets de l'eau immobile où flottent, ici, la cane et ses petits et, plus loin, une barque à l'abandon. Tout est mystère, tout est joie. Mystère de la vie aquatique multiple, de la piaillante et jacassante vie des rives, de la chantante vie des bois alentour ; mystère des toits penchés sur les berges, des clochers à l'horizon et, sur les bords solitaires, des châteaux délaissés. Joie secrète et cachée de la nature en fête, joie discrète et vive (malicieuse ?) d'un... sourire dans une barbe fleurie. Ce passant vient-il de l'auberge là-bas ou de la cabane du pêcheur, descend-il de la Maison forestière ou est-ce d'une fable oubliée qu'il surgit ?

Nul mieux que l'auteur des pages que voici ne saura te le dire, ô voyageur inquiet. Il faut suivre Madeleine Steil, enfant de ce pays, guide des us et coutumes, détentrice des contes et des légendes de Lindre ; elle saura te faire remonter le temps. Mais, pour la suivre mieux, retrouve d'abord ton cœur d'enfant et cet émerveillement dont tu étais capable à l'école, lorsque le vieux maître lisait. Ce n'est pas une dictée que tu trouveras ici, mais cent morceaux choisis, mais mille pages-bonheur qui te conduiront aux sources, dans un jardin d'Eden jamais perdu.

Roger Bichelberger

Première partie : BERTHE

Vahl-lès-Bénestroff : 9 octobre 1889

Théophile, le charpentier, se tient au coin de la cheminée, la tête appuyée dans ses mains ; fatigué, inquiet, il attend, son attention tendue vers la chambre voisine...

Sur le fourneau, un chaudron bout ; du couvercle de l'ustensile s'échappent des chuintements et des jets de vapeurs... L'homme ne voit rien, n'entend rien, perdu dans son rêve. Près de lui, son fils Emile, un garçonnet de trois - quatre ans, le regarde étonné :

- « Papa, que fait maman ? »
- « Elle est malade. »

L'enfant se précipite vers la chambre...

- « Non mon petit, pas maintenant », dit une matrone imposante en barrant le passage au gamin interloqué.

Théophile sursaute, et prend son fils sur ses genoux.

Des femmes affairées vont et viennent, portent du linge, préparent de l'eau tiède...

Un léger cri se fait entendre... puis des pas pressés résonnent sur le carreau rouge.

Dans une envolée de jupons, la sage-femme accourt :

- « Mes compliments Monsieur Guerbert, vous avez une belle petite fille. »

Théophile se lève d'un bloc.

- « Non, pas tout de suite, ne soyez pas si pressé, tout va bien ! » :

L'accoucheuse prend de l'eau, des linges et disparaît de nouveau.

Théophile nerveux, arpente la cuisine. Au bout d'un long moment, la matrone s'encadre dans le rectangle de la porte, invite le mari et l'enfant à entrer.

Le père s'élance auprès de son épouse encore toute alanguie ; la jeune femme lui présente leur fille. Trop ému pour parler, Théophile, les larmes aux yeux, se penche tendrement vers Clémence et le nouveau-né, puis il appelle joyeux :

- « Viens Emile, viens voir ta petite soeur et embrasser ta maman. »

Le garçonnet hésite, puis s'approche effarouché.

- « Une petite soeur ? Pourquoi une petite soeur ? Je voulais un petit frère... C'est bien sûr la grosse dame au tablier blanc qui l'a apportée dans son cabas ! Pourquoi ma maman est-elle malade et dans son lit ? Pourquoi papa semble-t-il si content ? » Tout cela est bien mystérieux.

Indécis, le gamin avance lentement, embrasse sa mère du bout des lèvres, risque un coup d'oeil furtif sur un paquet de tissu douillet, soigneusement enroulé et plié, allongé auprès de Clémence.

L'accouchée attire tendrement son fils :

- « Viens, Emile, regarde ta petite soeur comme elle est belle ! »

Offusqué, le gamin se frotte les yeux : de l'emballage duveteux entouré de bandelettes artistement croisées, émerge une petite tête rose coiffée d'un bonnet de dentelle ; des mains minuscules toutes frippées s'agitent. Emile se lève sur la pointe des pieds pour mieux voir la petite chose vagissante.

- « Oui, nous t'avons acheté une petite soeur, tu ne viens pas l'embrasser ? »

- « Non »

Emile s'échappe vers la cuisine, se terre dans un coins d'où il observe le va-et-vient des femmes.

- « Personne ne pense plus à moi... la petite soeur, rien que la petite soeur ! »

Théophile, revenu dans la cuisine, s'aperçoit de l'air malheureux de son fils et le prend dans ses bras :

- « Dis papa, pourquoi la dame nous a-t-elle apporté une petite soeur ? Elle s'est trompée, je voulais un frère ! Pourquoi ? »

- « Parce que... parce que...», bredouille le père pris de court : - « Eh... va te coucher gamin... Tante Norine te mettra au lit, c'est l'heure de dormir pour les enfants sages. »

Théophile retourne auprès de son épouse et s'appuie contre le lit :

- « Comment allons nous l'appeler ? »

- « Berthe », dit la maman en couvrant son bébé d'un regard de tendresse.

Humbles villageois, les parents de Berthe, vivent à Vahl-lès-Bénestroff, petit bourg lorrain campé au pied de la colline de Montdidier.

Théophile, charpentier-menuisier, travaille durement. Mais, l'artisanat ne suffit pas pour subvenir aux besoins d'une famille et Clémence, ménagère courageuse, s'occupe du jardin et de la basse-cour. Il faut songer à faire « bouillir la marmite » ; le jeune couple ensemence quelques arpents de terre, élève des vaches et des porcs.

Aidés de leurs vieux parents, ils entretiennent avec un soin minutieux une petite vigne qui grimpe sur le flanc ensoleillé du coteau. Hérité des ancêtres, ce vignoble est leur orgueil. De génération en génération, ils l'ont agrémenté de cerisiers et de groseilliers. Un genévrier voisine avec un pêcher, un pommier et un poirier ; l'arbrisseau paraît presque déplacé sur cette terre argileuse, mais s'est fort bien acclimaté dans la région. Buissonnant, il défie les intempéries, étend ses rameaux où poussent des baies âcres, défendues par des piquants acérés. Clémence se sert parfois de ses graines, les fait bouillir en décoction pour échauder les tonneaux et les foudres avant d'y verser le vin nouveau. En hiver, les baies brunes de genièvre parfument la choucroute familiale.

Vigoureux, les ceps noueux de la vigne, fournissent bon an, mal an, la boisson de l'année.

A la pointe du jour, au premier chant du coq, avant de monter travailler à la vigne, les hommes trempent un quignon de pain dans un grand bol de vin sucré... C'est l'usage. Clémence préfère le café au lait.

A midi, la famille se retrouve autour de la grande table de chêne.

Le grand air a creusé les estomacs. La potée aux choux mijote doucement dans le chaudron suspendu à la crémaillère au-dessus de l'âtre ; des volutes parfumées de saucisson et de petit-salé emplissent la cuisine.

Une douce aïeule, tout de gris vêtue, coiffée d'un bonnet blanc tuyauté, une louche à portée de main, attend l'arrivée de la famille ; en silence, elle égraine un chapelet dont les médailles tintinnabulent sur son giron.

Le grand-père et Théophile entrent les premiers, accrochent leur casquette à un clou, le reste de la famille les suit ; ils s'approchent de la table en silence. Même Emile se tait, respectueux.

Théophile pose un oeil de chef sur la tablée, et, dévotement, se signe pour réciter le Bénédicité :
« Mon Dieu bénissez-nous et la nourriture que nous allons prendre ... » - « Amen ... » répondent les voix en choeur.

Tous prennent place, tandis que la grand-mère, aidée de Clémence, sert la soupe.

Théophile ouvre son couteau de poche, décrit un large signe de croix sur la miche de pain farineuse, la coupe et en distribue les morceaux.

Les hommes mangent d'abord à longues goulées ; lorsque leurs assiettes sont à moitié vides, ils font « chabrol » en versant un verre de vin dans leur potage.

Emile regarde et questionne :
- « C'est bon, papa ? »
- « Tiens, goûte ! » : le père lui présente une cuillerée de l'étrange mélange de couleur violette avec des yeux de graisse dessus. L'enfant écoeuré fait une grimace.
- « C'est pas bon ! Pouah ! »

La dernière bouchée avalée, le père frappe la table, tous se lèvent :
- Merci, mon Dieu pour la nourriture que nous venons de recevoir... Tous se signent...

Le grand-père essuie soigneusement son couteau sur la jambe de son pantalon, le referme et déclare d'un air satisfait :
- Encore « un » (le repas) que les Prussiens n'auront pas !

Au fil des années, les membres de la famille se multiplient ; Marie, Gabrielle et Lucien viennent égayer le foyer ; mais aussi user la santé de leur mère. Après ces maternités rapprochées, Clémence tombe malade.

Les grands-parents sont morts et il n'existe pas d'aide familiale. Emile et Berthe doivent seconder la maman affaiblie. Chacun a sa tâche bien définie, et personne n'oserait se plaindre !

En hiver, Théophile ne quitte pas son atelier et travaille du matin au soir... Les rabots, les varlopes crissent sur les planches, parsèment le sol de copeaux craquants. Les scies grincent et mordent le bois ; une fine poussière blonde s'amasse sur l'établi ; les vilebrequins percent, les marteaux frappent à coups redoublés.

Emile et Berthe viennent souvent auprès de leur père ; ils s'asseyent à l'écart pour regarder ; de légers serpentins de copeaux frissonnent dans leurs cheveux. Attentifs, les enfants observent les gestes paternels tout en faisant couler machinalement de la sciure entre leurs doigts :

- « On aimerait bien travailler avec toi. »
- « On verra, mes enfants, vous êtes encore trop jeunes ! »

Un jour, cependant, à leur grande fierté, le père leur montre comment exécuter quelques menus ouvrages. Berthe elle-même sait déjà creuser une mortaise !

Aucune tâche ne rebute l'artisan : il se déplace même dans les villages avoisinants.

Malheureusement, le menuisier doit parfois façonner des cercueils ; Berthe affolée abandonne l'atelier, évite de passer devant la porte vitrée. Tant que la boîte macabre se trouve dans la boutique, la petite fille ne rejoint pas son père.

Berthe suit bientôt Emile à l'école communale ; située juste en face de la maison de Théophile.

L'Alsace et la Lorraine annexées depuis 1870, les élèves sont contraints d'apprendre la langue allemande et rencontrent bien des difficultés. Inutile de demander un renseignement aux parents ; ils ne parlent pas cette langue, et s'expriment en français ou, plus volontiers, en patois lorrain.

Les devoirs terminés, les deux enfants aident leur mère et s'occupent des plus petits.

Un oncle épicier vivant au village gâte ses neveux et nièces... C'est à qui des enfants ira faire les commissions chez « l'oncle Victor ». Oh, elle n'est pas bien grande l'épicerie de l'oncle Victor ; mais quel attrait !

Dès qu'on pousse la porte, d'étranges sonnailles accueillent les clients. Les enfants prennent plaisir à entrer les uns après les autres pour faire fonctionner l'appareil. L'épicier astucieux, après avoir astiqué et assemblé par des ficelles cinq ou six douilles de cuivre d'obus de la guerre de 1870, les avait fixées au bout d'une tige métallique sur le revers de la porte. Au moindre mouvement, les pièces mobiles tintinnabulent. Le seuil franchi, comme par enchantement, on se trouve transporté vers des pays de cocagne ; des parfums exotiques flattent les narines, des bonbons et des chocolats aiguisent l'intérêt des gourmands.

D'un sac, l'épicier sort le café vert et le grille dans un ustensile spécial, tout le quartier en est embaumé. Parfois, il casse le pain de sucre à coups de marteau ; les petits éclats iront aux enfants. Le local est garni d'étagères où voisinent la soude, le savon, les « boules de bleu » pour azurer le linge blanc. Serrés contre la barbe dure des brosses de chiendent, des boîtes d'allumettes, des bougies, s'alignent auprès du cirage et des boîtes de graisse à brodequins. Dans d'autres casiers, des tablettes de chocolat à grosses côtes se pressent contre des sachets de farine et de semoule. Au fond de la pièce, l'indispensable fût de pétrole avec sa pompe à main dégage son odeur désagréable. Bien alignés sur le comptoir, des bocaux pansus, garnis d'épices, de poivre, de cannelle, de girofle, de laurier, diffusent leurs senteurs venues des pays lointains. Mais le regard des jeunes clients converge vers les petites bottes de bois de réglisse qu'on peut mâchonner pendant des heures, ou vers les cristaux ambrés du sucre candi, tous reliés entre-eux par des fils blancs ; ces denrées sont à la portée des « petites bourses ». Les oranges saisonnières, emballées dans leur papier de soie, laissent filtrer leur arôme et deviner leur peau granuleuse ; elles sont bien appétissantes, mais trop chères !

Les yeux enfantins s'arrêtent, fascinés, sur l'énorme bocal de bonbons multicolores... L'homme se hâte, les marchandises s'empilent sur le comptoir ; puis, il manoeuvre la balance aux plateaux reluisants, manipule des poids rangés par ordre de grosseur ; enfin, sur un calepin souillé, il aligne des chiffres et fait ses comptes...

Enfin, d'une main généreuse, l'oncle distribue les bonbons attendus !

En choeur, les voix juvéniles lancent un retentissant :

« Merci, oncle Victor ! »

Des frimousses heureuses se tendent, et pleuvent les baisers.

Un par un, comme ils sont venus, les enfants sortent, rien que pour le plaisir de faire tinter les clochettes de la porte. Sur le seuil, les mains dans les poches de son gros tablier de toile bleue, l'oncle sourit.

- « Décembre... C'est bientôt la Saint-Nicolas. Tâchez d'être sages, mes enfants ! » recommande Clémence.

Le six décembre au soir, la famille se réunit dans la pièce commune. Il a neigé, il fait froid dehors, un bon feu flambe dans l'âtre ; une douce chaleur et beaucoup de tendresse enveloppent la maisonnée.

Saint-Nicolas et son adjoint, le Père Fouettard, sont attendus. Les enfants calmes et sages, l'oreille tendue, sursautent au moindre bruit venu de la rue enneigée. Dans le silence de la nuit, une clochette tinte, mêlée au bruit discordant de chaînes agitées... Des sabots claquent sur le seuil de la porte... Les bourdonnements de voix, suivis du cliquetis des chaînes et du tintement de la clochette, se rapprochent dans le corridor.

On frappe à la porte...

- « Entrez, grand Saint-Nicolas, » dit cérémonieusement Théophile.

Les enfants blêmissent, se serrent près de leur mère, agrippent ses jupons ; Emile et Berthe entourent le père.

Saint-Nicolas, rempli de prestance, sa hotte sur le dos, entre le premier ; dans sa main droite, il tient une crosse en or et de l'autre il porte une lanterne.

Eblouis, les grands yeux innocents descendent de la mitre brodée de fils d'or au visage à barbe blanche ; puis s'arrêtent au grand manteau pourpre du visiteur.

Craintifs, les enfants détaillent ensuite un Père Fouettard tout noir, à la barbe hirsute. Ceinturée d'une grosse corde où cliquettent des chaînes, la taille de l'impressionnant personnage inspire le respect aux jeunes délurés. L'homme terrifiant manie avec dextérité quelques verges flexibles ; son air menaçant terrorise les plus hardis :

- « As-tu été gentil, Lucien ? »

Une baguette siffle ; agile, Lucien disparaît prestement sous un lit... Une des petites crie apeurée :

- « Ne battez pas mon frère ! »

- « Récitez vos prières ! » Ordonne Saint-Nicolas.

Ingénument, les bambins, les yeux levés vers le grand Saint, s'agenouillent et récitent leurs prières. Dans un silence profond, chacun retient sa respiration.

- « Très bien, mes enfants. Continuez à bien obéir, je reviendrai l'année prochaine. »

Saint-Nicolas pose sa lanterne, distribue quelques friandises et des fruits secs. Tous reçoivent le même pain d'épice décoré à l'effigie du Saint patron.

« L'apparition céleste » se retire, suivie de son comparse. Les petits sortent de leur extase, retrouvent la parole : ils admirent leurs cadeaux pourtant si modestes ; selon leur tempérament, ils gardent jalousement leurs trésors ou les mangent aussitôt.

Emile et les petits dévorent une bonne partie des friandises. Berthe goûte quelques fruits secs, mais conserve précieusement son pain d'épice et le pend dans sa chambre : il est si beau son « Saint-Nicolas » ; elle le croque des yeux et fait durer le plaisir.

Un jour, cependant, Berthe s'étonne :

- On dirait que mon « Saint-Nicolas » fond ; elle s'approche, soupçonneuse, lève l'image colorée. Une exclamation de dépit sort de ses lèvres : du pain d'épice, il ne reste plus que le papier ! Elle foudroie son frère d'un regard courroucé, et fond en larmes :

- C'est toi Emile ! Tu as mangé mon Saint-Nicolas.

Emile ricane, un peu honteux ; Berthe sait se défendre et il préfère se soustraire aux représailles.

Chez Théophile les soirées d'hiver se passent dans le « pâle » [1], devant la grande cheminée où flambent des sarments et pétillent des bûches.

La soupe du soir mijote dans le chaudron noir et ventru ; la mère en soulève de temps à autre le couvercle et, armée de sa grande louche, remue la potée ; des effluves alléchants s'échappent en spirales et parfument la pièce.

Le chat ronronne couché près du foyer, son corps pelotonné n'est plus qu'une boule tiède et soyeuse.

Le grillon stridule, bien caché sous une pierre ou derrière les chenêts. Les enfants aiment le cri-cri familier du gentil orthoptère, rapporté un jour d'été par Gabrielle. Parfois, ils cherchent d'où viennent les crissements ; à leur approche, l'insecte se tait et taquin, recommence ses stridulations à l'opposé. L'aimable hôte de la cuisine manifeste sa présence depuis sa cachette : cri-cri... cri-cri..., et le jeu recommence.

- « Ecoute maman, il pense que c'est l'été : il a chaud, il est heureux. C'est dommage, nous n'arrivons jamais à le voir. »

•••

Après le souper, c'est la règle, les enfants doivent se coucher ; Emile et Berthe, les plus grands, ont la

---
(1) - chambre commune.

permission de rester parfois pour la veillée. Souvent, des voisins se joignent à la famille.

A la lumière d'une chandelle et de la lampe à pétrole, les femmes filent le lin et le chanvre. Avec un petit sifflement, les rouets tournent, les doigts agiles tordent les fibres récoltées dans les chènevières.[1]

La soirée s'écoule doucement. Dans son angle, la grosse horloge compte le temps de son balancier de cuivre. Toutes les femmes sont à l'ouvrage. Au doux ronflement des rouets, les quenouilles se dévident, les fuseaux agiles virevoltent. Les hommes se détendent, les yeux fixés sur la danse des flammes de l'âtre, ils fument ou racontent des « fiauves. »[2]

Les femmes, lassées, s'arrêtent de travailler et se mêlent à la conversation. Les aïeules donnent la réplique aux hommes ; les langues se délient, vont bon train. Les anciens et les anciennes racontent avec verve leurs aventures, souvent dûes aux sotterets, aux sorcières, aux revenants et à leurs manifestations diaboliques ; toutes des histoires à vous faire dresser les cheveux sur la tête ; et les meilleurs conteurs ne manquent pas de les enjoliver encore.

Les jeunes gens, parfois incrédules, sourient, se regardent moqueurs et clignent de l'oeil. Ils sont en sécurité, ensemble ils ne craignent rien ; mais plus d'un, la nuit, en passant près du cimetière, aura un grand frisson de terreur et se signera pour conjurer le mauvais sort et chasser les mauvais esprits. Un autre, en rentrant se coucher, saisi de panique, prendra ses jambes à son cou

---

(1) - les plants coupés en temps propice, étaient mis à «rouir» dans le ruisseau pour en détacher les substances putrescibles, et ne laisser que la fibre. Pendant la belle saison, les femmes s'occupaient de ce travail délicat ; agenouillées sur les berges du ruisseau, elles tournaient et retournaient les brassées immergées, jusqu'à ce que les parties végétales se soient désagrégées. la «filasse» ainsi obtenue était soigneusement séchée, cardée et mise au grenier jusqu'à l'hiver.
(2) - histoires lorraines, parfois irrespectueuses, mais pleines d'humour.

pour traverser le « Cougniat des Geisses. » [1]

Au fil des heures, les grosses pipes, bourrées de hachures du tabac cultivé au jardin, dégagent une fumée âcre. Théophile a même pendu un énorme rouleau d'herbe à Nicot derrière la porte de la remise ; armé d'un couteau, chacun, selon son désir, coupe dans le « boudin tue-mouche » pour regarnir la bouffarde défaillante.

Dans l'âtre, les bûches craquent et pétillent. Par instant, des papillons incandescents crépitent et vont se perdre sous le manteau noir de la cheminée. Les lueurs du brasier irradient les visages, illuminent les yeux des conteurs, tandis que les femmes, environnées des volutes bleues et acides du tabac, se frottent les yeux.

Quand le feu tombe, la maîtresse de céans cherche des fruits au cellier. Dans une corbeille de paille tressée, elle apporte souvent des pruneaux, des noix et des « schneutzes » [2], puis elle offre une tasse de café ou une tisane aux femmes, tandis que les hommes boivent un verre de vin chaud ou une petite « goutte » [3]. Tard dans la nuit, les veilleurs se quittent...

•••

Au printemps et en été, les ménagères coulent la bouëye [4]. L'opération se passe tantôt chez l'une, tantôt chez l'autre. Les lavandières trient des cendres fines, les enserrent dans des sacs de toile et les font bouillir ; pendant de longues heures, elles verseront la lessive ainsi obtenue sur le linge étendu dans une énorme cuve. Puis elles récupèreront l'eau au bas du récipient de bois muni d'une bonde ; elles réchaufferont de nouveau le liquide et inlassablement, continueront l'opération durant

---

(1) - coin des chèvres.
(2) - pommes coupées en quartiers et desséchées.
(3) - eau de vie.
(4) - la lessive

toute la journée.

Chez Théophile, le travail est astreignant : sept personnes portent des chemises de toile à longues manches. Les poignets des hommes sont tachés par le tanin du chêne, ou par la résine du sapin.

Avant de couler la lessive, Clémence brosse et frotte à tour de bras, aidée de Berthe et des voisines.

Quand le linge sort enfin de la cuvelée, les blanchisseuses se rendent au lavoir municipal pour le rinçage. Armées de leurs larges battoirs, elles tapent en cadence et rivalisent d'adresse. Les palettes de bois volent et frappent, l'eau gicle. D'un geste arrondi, les femmes déroulent le linge une deuxième fois, le secouent dans l'eau et à nouveau claquent les battoirs... Un second bassin attend les lavandières pour le dernier rinçage ; ensuite, elles se mettent à deux pour tordre les draps de grosse toile de ménage. Les tissus fins, les broderies sont passées « au bleu » [1].

Le linge essoré remplit des baquets de bois chargés sur la brouette.

Rentrées au logis, elles étendent leur lessive sur l'herbe bien verte du pré ou sur la haie du jardin.

Pendant des jours entiers, elles se succèdent devant les grands bassins d'eau courante du lavoir...

Tandis que les battoirs frappent, que les jeunes s'aspergent avec plaisir, les langues se délient, les « couaraïls » [2] vont bon train... Le temps est au beau... le soleil brille, le linge sera bien blanc et les femmes fières de leurs lessives !

Ces dernières rempliront les armoires ventrues d'un beau linge fleurant bon le plein air ; les ménagères les plus minutieuses glisseront des bouquets secs de lavande, ou suspendront un ruban agrémenté d'une orange achetée très cher, et piquée de clous de girofle derrière un des battants du meuble ancestral.

---

(1) - boules pour azurer le linge.
(2) - bavardages.

Emile est en âge de partir en apprentissage. Comme son père, il sera menuisier.

Berthe, à onze ans, devient la grande soeur, la petite mère. A cet âge, on ne songe qu'à s'amuser ; elle, comme une femme, doit faire les courses au village, s'occuper de son petit frère, de ses soeurs... Elle va même au lavoir rincer leur lingerie pour seconder sa mère devenue très fragile.

Clémence, prévoyante, s'astreint à coudre pour toute la famille. Théophile lui a offert une jolie machine à coudre, la plus moderne. Dès qu'elle dispose d'un moment, elle transforme les vêtements usagés.

Happée par les occupations ménagères, Berthe, dès la sortie de l'école n'a pas le temps de s'amuser ; ses soeurs sont sages et obéissantes ; mais Lucien extrêmement turbulent ne tient pas en place.

Un jeudi, Clémence appelle :

- « Viens, Berthe, nous allons préparer la liqueur de cassis ; aide-moi, va jeter ces marcs sur le fumier. »

Berthe emporte les déchets gorgés d'alcool, les dépose sur l'usoir et rentre à la maison.

Les poules, attirées par cette provende inhabituelle, picorent quelques grains. Malheureusement, Lucien voit les volailles se régaler et veut aussi goûter aux fruits : quelques grains par-ci, par-là...

- « Maman, maman, viens voir, je ne sais pas ce qu'a mon frère... il est tout drôle ; nos poules sont malades aussi, elles tombent sur le bec et ne peuvent plus marcher. »

- « Mon Dieu ! » S'écrie la mère affolée. Les femmes se précipitent et comprennent tout de suite : ce sont les fruits confits à l'eau-de-vie !

Lucien, barbouillé, titube et marche tout de guingois ; on le fait rentrer pour le soigner. L'enfant se débat, on lui enlève de force ses vêtements, ses caleçons souillés. Le gamin semble très malade ; Berthe le couche, le soigne.

- « Ma pauvre fille, encore une lessive de plus. Ton caraco est sale, il faut te changer ! »

Cependant, autour de l'usoir, quelques volatiles, les ailes en avirons, essaient de regagner le poulailler.

Les vapeurs d'alcool dissipées, Lucien se glisse en tapinois dans la cuisine. La mère reproche :

- « Tu sais bien que les fruits à l'alcool sont défendus aux enfants ! Si tu ne te corriges pas, on t'enfermera dans une grande « charpagne » [1] du grenier, et on te donnera à la première « caramagnate » [2] qui passera ! »

- « Oh non, maman ! Encore plutôt dans la cave avec les crapauds ! » implore Lucien tout contrit.

Pendant la belle saison, Berthe garde les vaches dans l'enclos avec son amie Maria. Dans la prairie, les deux fillettes ivres d'air pur et de liberté se livrent à toutes sortes de jeux qui n'appartiennent qu'à elles seules.

---

(1) - panier d'osier.
(2) - romanichelle.

Elles imitent les belles dames, admirées dans les rares revues de mode parvenues à la maison.

Une haie borde le pâturage, les fillettes s'approchent des buissons, cueillent des lianes flexibles, les effeuillent et les glissent dans l'ourlet de la jupe ou du tablier. Les vêtements ainsi élargis ressemblent à des robes à crinoline. Pour achever leur transformation, elles ornent leurs bonnets de coton, de fleurettes et de feuillages à fines aigrettes.

Les deux Cendrillons imaginent des bals merveilleux, font virevolter leurs robes à cerceaux, se prennent par le petit doigt, dansent pour le soleil, dansent pour le vent, dansent parce qu'elles sont heureuses.

Mais si elles dansent, légères sylphides champêtres, c'est au fond d'elles mêmes pour un prince charmant ; à songer à lui, on finit par le voir et par se le décrire.

Selon la saison, les petites amies cueillent les ombelles fragiles des pissenlits dont un souffle dispersera les semences aériennes ; elles en font des lanternes magiques qui s'éteignent au gré de leurs jeux.

Elles cherchent aussi les grillons qui se dérobent si facilement.

Dépitées, elles attrapent alors des coccinelles moins farouches qui courent sur leurs mains tendues et chantonnent mi-patois, mi-français :

- « Gagatte, cervolatte, dis-mois de quel côté j'me marierai... »

Les coccinelles vont, viennent, affolées, puis déploient leurs élytres écarlates pointillées de noir et s'envolent. Il faut alors observer attentivement la direction prise par les messagères...

- « Je me marierai du côté de Montdidier ! »

- « Moi, ce sera du côté de Bénestroff ou de Dieuze, regarde où vole ma coccinelle ! »

Si d'autres enfants se joignent aux pastourelles,

elles s'adonnent à différents jeux ; mais surtout à la « galiche » [1]. On roule une grosse pierre, le support, sur lequel on dispose un petit cailloux rond. Les joueurs s'éloignent à une certaine distance et, à l'aide d'une pierre plate, c'est à qui fera sauter le plus souvent « la galiche ».

Parfois les garçons se joignent à l'équipe. Les filles perdent toutes les parties, se fâchent :

- « Tu triches, Emile ! »

- « Mais non, je le jure : croix de bois, croix de fer, si je mens, je vais en enfer ! » lance le gamin en s'éclipsant.

Parfois, les jeux sont moins anodins : Maria découvre un jour une plante sauvage au coeur tendre et charnu, dont les anciens se servaient pour la salade : « les cônes de geisse » [2]. Ces plantes n'étaient connues au village que sous cette appellation. Heureuses de la trouvaille, les petites filles se régalent comme si elles étaient affamées... Pour varier le menu, elles croquent encore des jeunes pousses de la haie. Berthe fait la grimace :

- « Oh, que c'est amer ! » mais par fanfaronnade, elle mange aussi du « brecknat » [3].

Le soir venu, affolée, la mère de Maria accourt chez le menuisier :

- « Votre Berthe n'est-elle pas malade ? »

- « Non, elle ne m'a rien dit ! » Clémence évidemment n'avait pas été mise au courant de la dînette champêtre ; mais sa fille se coucha très tôt, en se tenant le ventre à deux mains. Les deux amies en furent quittes pour une sévère colique.

- « Vous auriez pu vous empoisonner. Ca vous apprendra à manger des saletés que vous ne

---
(1) - galet.
(2) - les cornes de chèvre.
(3) - de « brouter ».

connaissez pas ! »

Cette réprimande n'empêchait pas les enfants de recommencer à la première occasion.

Dans les champs fraîchement labourés, ils parcouraient les sillons à la recherche des « macjoncs » [1], tubercules bruns, de la grosseur d'un marron ; la plante est une herbe sauvage à fleurs roses, genre papilionacée, en allemand « Erd-Nuss » (noix de terre). D'un coup de canif, ils enlevaient l'écorce ridée et terreuse et se régalaient du fruit.

Parfois, les garçons faisaient l'école buissonnière, partaient en expédition dans les vergers et la forêt.

Au printemps, ils recherchaient le « tron de coucou » [2] dont ils étaient friands.

Au cours de l'été, filles et garçons dévalisaient les groseilliers. Les groseilles à maquereaux, leurs préférées, étaient encore toutes vertes ; qu'importe, elles craquaient sous la dent, remplissaient la bouche de leur saveur acidulée.

Les parents se fâchaient, menaçaient inutilement :
- « Attention, vous serez malades, vous aurez « le diable dans le ventre ». Il est vrai que de telles agapes provoquaient de sérieuses coliques. Affolés, les jeunes rapineurs se tenaient le ventre, sentaient les sursauts « du diable » dans leurs intestins. On les trouvait souvent accroupis et gémissant derrière un buisson...
- « Le diable dans le ventre...» gémissaient les petits malades. Ils avaient pourtant bien regardé les fruits maléfiques ; comment le diable pouvait-il se tenir dans les jolies baies transparentes ? Encore une manigance du « Malin ». Tous se représentaient le diable sous la forme d'un grand bouc à la tête cornue, aux sabots

---
(1) - macussons.
(2) - sève rouge du cerisier.

recourbés... C'était cela ! Le Diable se débattait dans leur corps ! L'entérite !

Pas guéris de leurs escapades, les garnements grimpaient aux quetschiers pour rechercher les « quetsches bouffies » (dans d'autres villages on disait : « quetsches folles »). Perdues au milieu des fruits normaux, ces quetsches gonflées démesurément ne possédaient pas de noyau et restaient blanches.

C'était à qui trouverait le plus de fruits. Les gamins ne descendaient des arbres que lorsque leurs poches en étaient pleines ; s'ils n'étaient pas dénoncés avant que la cueillette soit terminée. Etrange régal auquel les filles participaient, à condition de ne rien dire aux parents.

Par bandes, les enfants couraient les bois à la recherche des fraises en été, des noisettes et des faînes à l'automne. Vers le mois de novembre, ils repartaient dans la forêt à la découverte des sorbiers. C'était l'époque où les grands arbres perdaient leurs fruits, sortes de petites poires vertes teintées d'orange. Inutile de mordre dans la sorbe qu'on ramassait, elle était âcre et dure comme pierre. Cependant, les garçons en remplissaient des petits sacs de toile ; ramassaient le plus possible d'alises (Monsieur le Curé avait dit qu'on pouvait donner ce nom aux sorbes).

De retour à la maison, les enfants enfouissaient les fruits sous un tas de regain, (en cachette des filles, naturellement). Au bout d'une huitaine de jours les fruits seraient blets et bons à manger.

Quels délices ! Les jeunes gourmands se pour-léchent les lèvres

•••

A part les quelques moments de détente du dimanche, les femmes n'ont pas de loisirs ; après les repas, lorsque la vaisselle est bien rangée sur le dressoir, elles s'occupent de broderies ou de raccommodages. C'est aux ménagères qu'incombent aussi les soins de la basse-cour, du clapier et de la porcherie.

Au fil des saisons, elles bêchent, sèment, sarclent le jardin et récoltent les légumes. Berthe aide sa mère à écosser les petits pois ou à faire les conserves de haricots ; certains, bien verts, sont salés et entassés dans des grands pots de grès, puis recouverts d'une toile avec une grosse pierre par dessus. Les autres, un peu plus mûrs, sont échaudés et mis à sécher. La petite fille prend plaisir à ce travail et enfile les haricots préparés sur de longues ficelles qu'on accrochera aux poutres du grenier jusqu'à complète dessiccation. Bien secs, tout recroquevillés, les légumes seront enfermés dans des sacs de toile et serviront à la potée pendant l'hiver.

En automne, Théophile râpe les choux rebondis sur un long couteau pour en faire la choucroute. Réduits en fines lanières, les légumes, ainsi préparés, sont pressés dans une tonne en intercalant une couche de sel et une couche de choux. On finira par du sel et Théophile posera sur la tonne un couvercle de bois sur lequel il glissera de grosses pierres propres. Clémence devra surveiller la fermentation de la choucroute pendant plusieurs semaines.

•••

Tous ces travaux aident à la survie du ménage... Mais chez Théophile, on travaille aussi pour le bien-être de la famille, pour la joie des grands et des petits.

Clémence ne ménage pas sa peine. En mai, elle récolte les fraises du jardin, confectionne des confitures appétissantes ; puis, vient le temps des cerises. Elles sont mises en conserve ou à macérer dans de l'eau-de-vie.

Au mois de juillet, les femmes cueillent les groseilles

et les framboises qui serviront aux gelées et aux sirops. Parfois, les jus de fruits trop abondants sont mis à fermenter dans des fûts pour fabriquer le vin de groseille et le vin de framboise. Ces vins « d'amateur » qui n'ont l'air de rien, mais qui savent si facilement mettre de l'ambiance dans une réunion ! Clémence fait aussi le vin de rhubarbe, pétillant, plus léger.

Rien ne se perd chez le menuisier.

Vient la saison des mirabelles et des quetsches que les hommes mettent à fermenter pour en retirer l'eau-de-vie.

Les femmes choisissent les plus beaux fruits, les mettent sécher sur des claies, en font de délicieuses marmelades ou des tartes parfumées.

Les vendanges terminées, tard à l'entrée de l'hiver, la ménagère prépare la gelée de coing ; met sécher des quartiers de pommes (les schneutzes), prépare les « poires tapées », (la poire était mise à sécher au four et raplatie à mesure de sa dessiccation).

Tous ces fruits secs, pruneaux, mirabelles, poires tapées, schneutzes, sont conservés au sec dans des sacs de toile, pour faire la joie des petits et des grands durant les longues soirées d'hiver.

Très prévoyante, la ménagère a mis aussi en réserve le sirop de mûres sauvages, contre les maux de gorge ; le sirop à l'avoine et aux navets souverain contre les toux rebelles.

Chaque huit à dix jours, le père prépare le pain de la maisonnée, c'est impérieux, vital. Dans la chambre à four, il garnit la gueule noire du four avec des fagots bien secs, qu'il enflammera le lendemain. Méticuleusement, il dispose la farine, l'eau, le sel, et verse le levain dans le pétrin. Manches retroussées, il malaxe, pétrit la pâte, la soulève, la laisse retomber avec des gestes larges et répétés. La sueur perle à son front, mais il ne s'arrêtera pas tant que la pâte ne filera entre ses doigts experts.

Alors, d'un geste pieux, il tracera un signe de croix sur la pâte : « Mon Dieu, donnez-nous notre pain quotidien,... notre pain de chaque jour. »

Le travail terminé, il recouvre le pétrin d'une toile blanche ; la pâte lèvera pendant la nuit.

Le lendemain, au premier chant du coq, le père saute de son lit et court allumer le four. Il soulève le linge qui recouvre le pétrin : la pâte s'est bien gonflée ; très satisfait, il enfarine des corbeilles avec du son et dépose un « pâton » dans chacune d'elles.

La mère, de son côté, prépare les tartes aux fruits de la saison, sans oublier la quiche légendaire, garnie généreusement de crème fraîche et de lardons.

Dès que le fagot est brûlé et le four bien chaud, Théophile écarte les braises de chaque côté du fournil. De sa large pelle plate au long manche, d'un coup sec, il enfourne un à un les pains sortis des corbeilles, après les avoir saupoudrés de farine, et marqués d'un signe de croix avec un grand couteau.

Avant de partir pour l'école, les enfants hument d'un air gourmand les effluves odorants, la maison en est tout imprégnée et, en passant près de la chambre à four, ils lorgnent les belles tartes et la quiche qui grésillera, toute joufflue, sur la table à midi. Les heures d'études seront bien longues !

...

- « Allons Berthe, viens tourner la « ramolatte » [1] demain on tuera le cochon. »

La fillette a un sursaut mais, obéissante, actionne la roue de grès qui baigne dans un bac creusé dans du

---

(1) - meule à remouler

bois et rempli d'eau. Le père tient les longs couteaux contre la pierre pour les amincir, les affûter. La meule grince, un jet d'eau s'épanche en sifflant sous l'acier des lames.

Berthe pense au lendemain ; elle déteste ce travail de boucherie :

- « C'est bien dommage que ce soit jeudi ! Pendant qu'on égorgera le cochon, j'irai chez l'oncle Victor, je ne veux pas voir ça ! »

- « C'est bien, Berthe, tu es gentille ; passe moi la pierre pour « enlever le fil » [1].

Les préparatifs se poursuivent... Théophile rince une grande cuve, met de l'eau dans la chaudière, sort une échelle, des cordes. Dans la cuisine, Clémence lave des pots de grès, cherche de la sarriette au grenier, épluche des oignons, des ails et des échalotes ; ses yeux pleurent malgré la boule de saindoux qu'elle a piquée au bout de son couteau.

- « Berthe, va cueillir une botte de persil au jardin ! »

- « Oui maman. » Ecoeurée, la petite fille s'exécute, tandis que la famille se réjouit :

- « Demain on mangera de la « fricadelle » [2]

Au petit matin, Théophile fait bouillir l'eau de la chaudière.

Clémence, ceinturée d'un grand tablier bleu, prépare un pot rempli d'un peu de vinaigre pour empêcher le sang recueilli de se cailler. Selon la coutume, les hommes entrent à la cuisine et boivent une « goutte » pour se donner du coeur à l'ouvrage...

- « Berthe, commande la mère, conduis les petits chez l'oncle Victor, mais revenez avant midi, j'aurai besoin de ton aide. »

---

(1) - affûter.
(2) - morceaux de foie garnis de «toilette» (crépine) et frits dans la poêle avec des échalotes et du persil.

La fillette entraîne ses soeurs aussi vite que leurs sabots permettent de courir. Lucien, « petit homme », reste à la maison, il n'aura pas peur, lui ! .

Les enfants passent le pont du ruisseau qui traverse le bas du village et se retrouvent chez l'oncle Victor.

Berthe entend des cris et se bouche les oreilles... Les hommes sont habiles ; d'un coup sec sur la corde, ils déséquilibrent et renversent le porc. D'une lame sûre, les tueurs l'égorgent sans le faire trop souffrir. Les trois fillettes sont pâles ; l'oncle les rassure :

- « C'est la peur qui fait crier le cochon, il n'a pas eu le temps d'avoir mal. »

En l'absence des filles, les hommes échaudent le porc dans la cuve ; à l'aide des couteaux, ils enlèvent les soies, coupent la tête et ouvrent le corps de haut en bas. Les entrailles sont retirées soigneusement et recueillies dans un panier garni d'un linge propre. Clémence et une femme venue pour l'aider « font les tripes », les dégraissent, les vident, les nettoient et les retournent avant de les mettre tremper dans de l'eau salée et vinaigrée.

Rentrée à la maison, Berthe met la table, aide sa mère débordée.

A midi, « la fête du cochon » bat son plein ; tous ceux qui ont aidé à tuer le porc sont invités à manger la fricadelle.

Quand la chair de l'animal pendu à l'échelle est bien refroidie, on procède au découpage. Les jambons et le lard sont poivrés et salés, puis déposés dans le saloir où ils macéreront plusieurs semaines dans de la saumure. La « panne » du saindoux, fondue, remplit des grands pots de grès et servira tout au long de l'année à rôtir les pommes-de-terre du soir.

La viande est hachée, pesée, assaisonnée soigneusement pour fabriquer les saucisses. Théophile ira les pendre dans la cheminée où elles sècheront doucement et prendront un goût incomparable. Pendant le temps du séchage, interdiction sera faite à toute la maisonnée de brûler des déchets [1] ou certaines essences de bois qui pourraient donner mauvais goût à la viande.

Les jours suivants, Clémence fabrique les pâtés, les boudins ; ... rien ne se perd !

- « Dans le cochon, tout est bon ! » Répètent les ancêtres...

Au cours de l'abattage, les hommes veillent à ce que le « petit bout de la queue » du porc ne disparaisse. Il faut être vigilant, car l'un ou l'autre peut le retrouver suspendu délicatement au bas de son dos... A moins que tous se mettent d'accord pour l'expédier à de vieilles demoiselles grincheuses !

Eté comme hiver, Clémence prépare des fromages délicieux réservés à la consommation familiale. Elle ne possède pas d'écrémeuse ; le lait resté en surplus est vidé dans les jarres à larges goulots pour laisser « monter» la crème. A l'aide d'une cuillère, Clémence l'entrepose dans des jattes mises au frais. Le lait caillé est transformé en fromage blanc, ou en fromage « ressuyé ».

Méticuleuse, la mère apporte tous ses soins à la fabrication de ces fromages ; elle les sale, les poivre, et ensuite met sécher les galettes obtenues sur des « hariandes » [2]. Chaque jour, elle vérifie ses fromages, les lave, les retourne, jusqu'à ce qu'ils soient « faits », à point.

Econome et avisée, elle bat la crème de la semaine dans la baratte. Quand le temps est à l'orage, le travail, long et fastidieux, devient énervant. Le pilon de l'appareil monte et descend en cadence sans résultat, la crème refuse de se transformer en beurre.

Quand Berthe est à la maison, elle seconde sa mère et manie l'appareil. La fillette se démène ; au bout d'un long moment :

(1) - pas de papiers, pas d'épluchures, surtout pas de bois de chataignier.
(2) - sortes de claies installées entre les poutres du plafond.

- « Ca prend maman ! Ce n'est pas dommage ! »

En effet, des flocons de beurre se forment dans la baratte ; encore quelques instants et Clémence pourra retirer le beurre, le malaxer, le taper entre deux couvercles pour en retirer le petit-lait (le babeurre). Elle aime les choses bien faites ; elle prépare un jus de carottes dont elle teindra le beurre pour lui donner une jolie couleur d'or clair.

- « Regarde la belle motte » s'exclame la mère satisfaite.

- « Si le « cosson » [1] passe, nous pourrons lui vendre ce beurre ; nous en avons encore assez pour la semaine ; nous userons « le beurre fondu » et le lard. Il ne faudra pas oublier de vendre des oeufs, « les gélines » [2] ont bien pondu cette semaine. »

En vue du passage du coquetier, Clémence façonne son beurre, le fignole et grave sur la motte des dessins avec un couteau et une fourchette. Berthe range le chef-d'oeuvre dans un bahut de la chambre à four, l'endroit le plus frais de la maison.

- « Maman, au lieu de te donner tant de mal, tu devrais acheter une forme en bois pour façonner les livres de beurre ; j'en ai vu une, chez la mère de Maria, avec une belle vache taillée dans le fond. Elle a aussi une baratte avec des ailettes. On tourne comme un moulin à vent, ça va plus vite. »

- « Nous verrons, Berthe, quand nous irons à Morhange. »

---

(1) - coquetier.
(2) - les poules.

Dès que Berthe est en âge de travailler, ses parents la retirent de l'école : tant de tâches attendent à la maison ; et puis, les filles n'ont pas besoin d'être si savantes pour se marier, élever leurs enfants et faire le ménage !

Pour commencer la journée, Berthe assiste à la messe chaque matin ; puis aide sa mère aux travaux ménagers. Le soir, elle conduit les petits à la prière au premier appel de l'angélus ; pas question de manquer un office, la jeune fille n'y songerait même pas ! C'est la coutume !

Les femmes restées au logis se signent pieusement et récitent :

« L'ange du Seigneur annonça à Marie qu'elle concevrait le Sauveur. Et le verbe s'est fait chair. Il a habité parmi nous. »

Les aïeules, délaissent leur tricot et sortent le chapelet qu'elles égrènent en silence...

...

Le dimanche, la famille au complet assiste à la messe. Les femmes et même les hommes, les enfants, grands et petits, vont aux vêpres et aux complies. Les parents de Berthe sont très pratiquants ; en fille obéissante, elle ne manque pas un « amen. »

Le son des cloches rythme le vie au village ; à l'heure des offices, les habitants, jeunes et vieux, se pressent vers l'église juchée sur son tertre. Sous le porche, tous se taisent, les hommes se décoiffent, les enfants en silence se dirigent vers leurs places.

Habillés comme des vieux, les garçons se glissent sur les bancs de droite. Les bambins, les plus petits, ont un banc réservé en avant dans le choeur ; certains portent encore des robes et s'attirent la moquerie et la risée des grands. Les plus taquins saisissent le pan d'une robe et soufflent tout bas :

- « Vous avez une belle babatte, mo feû. » [1]

Rouges de honte et d'exaspération, les gamins se serrent sur leur banc, et se font encore plus petits, sous les yeux de l'assemblée.

Les filles se dirigent sagement vers les bancs de gauche. Avec leurs longs jupons, leurs corsages agrafés jusqu'au menton, leurs grandes manches à « gigot », elles ressemblent à de jeunes nonnes. Toutes sont coiffées de bonnets en fil tricoté ou crocheté main. Chaussées de bottines montantes, fermées par une multitude de boutons ; elles gagnent leurs places, impassibles, les yeux baissés, avec des gestes mécaniques.

A la sortie de l'office, ivres de colère rentrée, les bambins en robe attaquent à coup de cailloux, mais de loin. Les grands ricanent et leur font la nique. Leur rancune mal assouvie, les gamins rejoignent vite leurs parents, pour se garantir de représailles toujours possibles.

---

(1) - Vous avez une belle robe, mon fils.

Avant la messe, un certain dimanche, Monsieur le Curé aperçoit des cheveux qui frisottent autour du gentil minois de Berthe. Scandalisé, il s'approche de la jeune fille, et d'un doigt réprobateur, repousse les cheveux rebelles sous le bonnet. Berthe blanchit puis rougit de honte :

- « C'est par coquetterie que tu laisses dépasser tes cheveux ? »

- « Oh, non Monsieur le Curé ; ce n'est pas de ma faute s'ils frisent ! »

- « Alors, arrange-toi, on n'entre pas dans une église sans se couvrir les cheveux ! »

De retour à la maison, Berthe supplie :

- « Maman, s'il te plaît, quand j'irai à l'église, il faudra me mettre du saindoux sur les cheveux pour les tenir sous ma coiffe. Monsieur le Curé n'était pas content. »

- « Est-ce possible ? » La mère gémit et regarde sa fille aînée, si belle déjà, avec ses grands yeux bruns très francs et sa longue chevelure tenue pourtant serrée en une tresse très stricte :

- « Oui, c'est vrai, ça frise autour de ton visage, je te mettrai du saindoux ! »

La mère a un soupir et, nostalgique, songe tout haut :

- « Ma petite fille, si bonne, mais trop jolie,... que te réserve l'avenir ? »

•••

Un cousin maternel, Curé de Rezonville-Vionville, invite Berthe à passer quelques semaines chez lui. Elle saute de joie : pas de ménage, pas de lessive, de vraies vacances en somme !

Hortense, la gouvernante du prêtre l'accueille avec plaisir, contente d'avoir une jeune fille à gâter et à éduquer. Berthe ne quitte pas la vieille dame, la suit au jardin, la seconde à la cuisine.

Dans la maison de cure existe un endroit réservé, où Hortense et Berthe n'entrent pas sans être accompagnées du bon Curé : la ménagerie !

Dans sa jeunesse, le prêtre missionnaire, avait passé de longues années en Afrique, et en avait ramené d'étranges compagnons, témoins vivants du continent noir qu'il ne peut oublier tout à fait. Pour faire revivre ses souvenirs, le missionnaire écrivit ses mémoires et des contes africains, pour une revue régionale ; il signait : « L'Africain... » [1] Le nom lui resta.

- « S'il vous plaît, cousin, vous l'ouvrez cette porte ? » demande Berthe impatiente et excitée.

Le Curé tourne la clé et la porte s'ouvre sur une pièce aux larges baies éclairées.

Sur un perchoir trône un magnifique perroquet vert et rouge. L'oiseau, pas très bavard mais gourmand, manifeste ses sentiments par des cris et des coups de bec aux importuns, ou à ceux qui ne s'occupent pas de lui. Hortense garnit la mangeoire, change l'eau. Un peu dédaigneux, le seigneur du lieu tourne la tête d'un air comique, et regarde d'un oeil hautain les arrivantes ; puis, sans plus s'occuper des visiteurs, décortique méticuleusement ses graines.

Les préférences de Berthe vont à une petite guenon très futée ; elle saute familièrement dans les bras des visiteurs, se perche sur leurs épaules. Tous les amis de la cure aiment le singe. Le petit animal voue une affection illimitée à son maître ; d'un bond, il se blottit dans les bras de l'Africain, le prend par le cou ou lui grimpe sur les épaules... L'un portant l'autre, ils vont se promener

---

(1) - Il écrivait dans «l'Orphelin» de Guénange et signait «l'Africain» vers 1910 - 1926.

au jardin. Avec tendresse, la guenon passe ses doigts velus dans la barbe touffue du prêtre... le regarde, semble lui tenir un discours secret ; puis, capricieuse, agrippe les cheveux du religieux, les tire, les écarte comme pour l'épouiller. L'Africain la laisse faire... Elle fouille les poches, en quête d'une friandise, d'une cacahuète ou d'une banane ; ses yeux clignent malicieux, scrutent les visages, semblent deviner les sentiments des humains.

Cependant, un jour, plus excité que de coutume, le singe mordit le doigt de son maître qui le gronda sévèrement.

Etonnée, comme une enfant prise en faute, la guenon regarda l'Africain ; puis, les yeux agrandis de détresse, les mains sur la tête, par petits bonds, elle se réfugia dans sa cage et s'y recroquevilla. A partir de ce jour l'animal perdit sa gaieté et refusa toute nourriture ; Hortense et Berthe se relayèrent pour le distraire et le faire manger. L'Africain usa de toutes les ruses possibles pour reconquérir l'affection de la guenon ; il la prit dans ses bras, lui présenta en vain des cacahuètes dont elle était si friande ; elle repartait tristement dans son coin et fermait les yeux.

Un matin, on trouva le petit singe mort de chagrin. On confia sa dépouille à un taxidermiste très habile qui lui rendit l'apparence de la vie.

Jamais plus on ne rirait de ses facéties !

De sa main tremblante, l'Africain caresse la petite tête du primate naturalisé.

Dans un autre coin de la grande pièce, une cage vitrée terrorise les deux femmes : des serpents enroulent et déroulent leurs anneaux autour de quelques branches sèches. Le prêtre soigne lui-même les reptiles à la peau visqueuse ou écailleuse.

Berthe frissonne de dégoût ; Hortense, chagrine, va au bout de sa pensée :

- « Il aurait mieux valu que ces vilains serpents meurent à la place du petit singe. »

La grande barbe poivre et sel du missionnaire frémit ; un instant ses yeux s'embuent, se perdent très loin dans le vague... peut être vers cette terre d'Afrique qu'il a tant aimée, tant racontée ; mais il se domine, se ressaisit :

- « Viens au jardin, Berthe, nous allons faire quelques photos, ça nous changera les idées. J'ai un nouvel appareil ! »

Hélas, les beaux jours passent vite, Berthe reprend sa place et son travail au foyer paternel.

•••

Les fêtes de fin d'année se préparent. Clémence appelle son aînée :

- « Berthe, cette année ce sera toi qui endossera l'habit de Saint-Nicolas. Il faut que les petits aient leur fête ! »

- « Oui maman, j'essaierai... »

Le grand jour arrivé, Berthe se prépare en cachette : une mitre dorée, des cheveux et une barbe de chanvre gris feront l'affaire. La jeune fille cache ses yeux derrière de grosses lunettes noires et passe des gants blancs ; elle recouvre ses vêtements d'un long manteau rouge ; puis se regarde dans une glace, et sourit : « méconnaissable », songe-t-elle.

D'un pas assuré, ses cadeaux dans la hotte, elle se dirige vers la chambre où se tient la famille... L'étrange Père-Noël prend une grosse voix... questionne, fait des recommandations.

Cependant, Gabrielle la petite benjamine, souffle subitement à l'oreille de sa mère :

- « C'est drôle maman, le Saint-Nicolas a les mêmes souliers que notre Berthe, et il a presque la même voix ! »

Le Saint-Nicolas sent un fou-rire incontrôlable monter en lui et se retire en hâte.

•••

La vie rurale est régie par les saisons et les fêtes religieuses.

Après la Saint-Nicolas, approchent les fêtes de fin d'année. Dans les plus humbles chaumières, on prépare Noël avec beaucoup de soin ; les ménagères s'affairent autour des fourneaux, mitonnent secrètement des petits plats.

Chaque matin, les enfants scrutent le ciel et attendent impatiemment les vacances :

- « Pourvu qu'il gèle, et que la neige tombe ! »

Le vingt-quatre décembre arrive enfin !

La famille réunie veille devant l'âtre où crépitent les morceaux de bois réservés pour « la grande veillée » (la nuit de Noël). Théophile mettra les plus grosses bûches au feu pour la messe de minuit ; il ne faut pas laisser le feu s'éteindre durant la sainte nuit, ce serait un signe de mauvais augure.

Après avoir ciré leurs sabots, les enfants les rangent soigneusement devant la cheminée ; c'est par là que Jésus viendra apporter des cadeaux aux enfants sages.

Marie demande ingénument :

- « Comment il fait, le Petit-Jésus, pour ne pas se salir dans les cheminées ? »

Gabrielle réfléchit avant de trancher :

- « C'est un miracle, ne cherche pas à comprendre ! »

Les cloches de l'église sonnent le premier, puis le deuxième coup de la messe de minuit. Toute la famille se prépare, chacun revêt ses habits de fête. Théophile décroche la lampe tempête, essuie proprement le verre ballon, verse du pétrole dans le réservoir ; puis il dépose la grosse bûche de Noël sur le brasier : elle devra durer jusqu'au lendemain matin.

Il neige doucement. Quelques étoiles clignotent encore, avant de sombrer derrière de grosses nuées annonciatrices d'un hiver rigoureux.

Des familles entières se dirigent vers l'église illuminée. Les souliers claquent sur les dalles du porche. Le long des murs, sous le clocher, des sabots sont alignés ; certaines personnes âgées sont venues en chausson et même munies de leurs chaufferettes garnies de braises. Tant que ces vieux Lorrains, au coeur fier et dévôt, auront « bon pied bon oeil », ils assisteront à la messe de minuit !

Le sanctuaire a pris un air de fête, une bonne odeur de cire chaude et d'encens accueille les paroissiens.

Dans le choeur, la crèche attire tous les regards. Entre Marie, Joseph, l'âne et le boeuf, la mangeoire garnie de paille fraîche est encore vide. Un sou à la main, les petits enfants se précipitent vers le tronc, y glissent leur piécette pour le plaisir de voir l'ange de plâtre s'animer et remercier de la tête.

L'office commence... un silence imposant s'établit. De la sacristie, les servants, en aubes blanches bordées de dentelles, sortent par ordre de grandeur, suivis du prêtre en chasuble brodée de fils d'or ; dans ses bras, il tient l'Enfant-Dieu, et en procession, ils vont le déposer dans la crèche. La messe se poursuit entrecoupée de cantiques d'allégresse.

Des volutes d'encens montent sous les voûtes de la nef.

Lorsque la messe se termine, d'un timbre fêlé, un peu chevrotant, les personnes âgées émues, reprennent les strophes si connues :

« Il est né le divin Enfant... Jouez hautbois... résonnez musette »

A la sortie de l'office, la neige tombe drue et serrée. Les toits s'encapuchonnent. Les enfants discutent, très animés :

- « Et si le Petit-Jésus ne pouvait pas venir, avec ce froid ? »

- « Mais si, voyons, il viendra ; au ciel on ne craint pas la neige ! »

Les familles se souhaitent un joyeux Noël et se quittent ; les voix ouatées par la neige s'éloignent, s'estompent... Des portes se referment. Un chien aboie... Le silence de la nuit enveloppe le village.

- « Rentrons vite mes enfants, je vais vous préparer une bonne tasse de lait. Berthe, va chercher le « baba » (gâteau) pour les enfants, et allez, hop au lit ! Je vais aussi chauffer un peu de vin pour votre père, il fourrage les vaches à l'étable : les bêtes doivent aussi participer à la joie de Noël. »

Avant de se coucher, Clémence débarrasse la table et garnit les sabots des enfants : quelques oranges, une tablette de chocolat à grosses raies, des pains d'épices enluminés d'images violemment coloriées sont partagés équitablement. Elle imagine les cris extasiés des petits, quand, au matin, ils découvriront leurs cadeaux...

•••

Les enfants aiment beaucoup les vacances de fin d'année. Les filles restent souvent à la maison et jouent à la poupée ; tandis que les garçons se livrent des batailles de boules de neige. Lucien et son cousin Constant font des glissades vertigineuses sur la luge qu'Emile leur a offerte pendant une récente permission.

Devant la maison du menuisier, les enfants, les joues et le nez rougis par le froid, érigent un bonhomme de neige ; ils entassent les uns sur les autres des rouleaux de neige fraîche. Deux morceaux de charbon pour les yeux, une carotte bien plantée pour le nez, un seau renversé pour le chapeau, et voilà le chef-d'oeuvre terminé ; le bonhomme bien campé pourra affronter l'hiver, avec son vieux balai sous le bras. Il ne fondra qu'au premier dégel.

Malgré les gronderies des filles, les garçons installent parfois des pièges pour capturer les moineaux. Des balles d'avoine, de la « fleur de foin » [1] sont répandues dans un coin du jardin. Une claie grillagée et mobile reliée par une longue ficelle est placée à proximité du tas de déchets. Derrière la haie, sans bruit, les garnement attendent. Un oiseau, puis deux, découvrent la provende... Bientôt une envolée de moineaux s'abat et picore... Un coup sec sur la ficelle et le piège tombe sur les oiseaux.

Huit jours de vacances passent vite et les festivités du Nouvel An prennent la relève.

A la campagne, on ne marque pas beaucoup le premier de l'an, sauf par une grande messe et les voeux qu'on échange. En revanche, les enfants font le tour du village, se rendent dans la famille, chez les voisins et les amis :

- « Bonne année, bonne santé... et le paradis à la fin de vos jours ! »

Ils sont reçus très amicalement, on leur offre des gâteaux, des oranges, parfois des chocolats... Heureux, ils rentrent au logis, les tabliers et les poches remplis de friandises.

•••

Après d'aussi bonnes vacances, les classes reprennent avec plus d'entrain...

La Chandeleur arrive... Les mères de famille font bénir les bougies qui protégeront la maisonnée de la foudre.

Les anciens scrutent le ciel, hument le vent ; un dicton revient sur leurs lèvres :

---

(1) - Semences ramassées au fenil.

- « A la Chandeleur, l'hiver meurt ou prend vigueur. »

A la conversion de Saint-Paul, les paysans observent encore « la bataille des vents », celui qui soufflera ce jour, sera le vent dominant de l'année...

Les ancêtres connaissent tous les signes propres à leur terroir. Avec grande attention, ils regardent aussi, le grand rassemblement des corvidés...

En nuées noires et bruyantes, les oiseaux s'abattent dans le prés ; ce ne sont que froissements d'ailes et conciliabules : « Le mariage des corbeaux. » C'est un présage du réveil de la nature.

Cependant, les jeunes gens préparent le carnaval en secret ; loin d'égaler les réjouissances fastueuses de la ville, quelques masques en carton, des vieux vêtements, suffisent aux déguisements. Les plus jeunes se griment avec ce qu'ils trouvent : du charbon, de la craie, et même les « boules de bleu » dont se servent les lavandières dans la dernière eau de rinçage. Les plus ingénieux se fabriquent des masques avec du papier colorié, des plumes, du chanvre...

Dans les greniers, ils trouvent parfois un vieux chapeau, ou un gibus ; des nippes endossées à la hâte, et les voilà prêts à déambuler dans les rues du village en quête de bonnes farces.

Pour signaler leur présence, ils soufflent dans un vieux clairon, jouent de l'harmonica : pourvu que çà fasse du bruit, tout est bon, même les chaudrons hors d'usage, sur lesquels ils frappent avec des bâtons.

Pendant le Carnaval, toutes les folies sont permises. Evidemment on évite les grincheux, c'est quand même plus prudent !

- « Fermez vos portes et vos fenêtres, ménagères et jeunes filles à marier, sinon, gare à la « cuisine » !

Que de moyens et de prétextes pour pénétrer dans

les maisons ! En un tour de main, les armoires, les buffets sont vidés, et leurs contenus dispersés sur le sol.

Qu'une silhouette feminine arrive subrepticement, elle risque d'être barbouillée de suie ou même de cirage.

C'est la coutume ; un immense éclat de rire accueille ces démonstrations parfois bien... salissantes.

•••

Suit le Carême, très austère, la période de fêtes se termine avec le mercredi-des-Cendres, jour de pénitence pour les paroissiens... A la messe matinale, les fidèles vont recevoir les cendres bénites par le prêtre. En un léger signe de croix, le religieux marque le front de ses ouailles et leur rappelle qu'ils ne sont que poussière.

« Jeûne et abstinence » - ordres péremptoires scrupuleusement observés dans les familles catholiques : un peu de pain, laitages et oeufs (sans les lardons !).

Jusqu'à la Semaine Sainte, les enfants s'efforcent au calme et à l'obéissance ; mais dès la messe du Jeudi-Saint, lorsque les cloches sonnent longuement avant de s'envoler vers Rome, les crécelleurs entrent en action et sillonnent le village du matin au soir pour annoncer les angélus et l'heure des offices.

Du Jeudi-Saint au Samedi-Saint à midi, le village vit en léthargie, dans le jeûne et la prière ; les crécelles régissent la vie des habitants.

•••

Samedi midi... Un air de renouveau souffle sur le bourg, de fraîches senteurs montent des jardins et de la prairie. Ingénus, les bambins scrutent le ciel. Ah ! S'ils pouvaient apercevoir le retour des cloches. Mais, non, pas de chance !

Revenues de leur pèlerinage, les cloches sonnent

joyeusement. Les beaux jours arrivent, la nature se réveille.

Les enfants de choeur font leur dernière tournée avec leurs crécelles et chantent :
- « Oh bonnes gens du village,
Ayez pitié des enfants d'choeur
Et donnez-leur
Leurs oeufs de Pâques... Alléluia !... »

Les ménagères remplissent d'oeufs et de confiseries, les corbeilles des gamins ; la quête terminée, les enfants vendront leurs oeufs au coquetier de passage.

En quittant les maisons, les enfants remercient sur le même air :
- « En vous remerciant, Madame
Pour toutes vos bontés... »

Mais, si la donatrice n'a pas été généreuse, en passant le seuil de la porte, ils ajoutent :
... « Et la goutte au nez,
... Pendant toute l'année... Alléluia ! » ...

Dans chaque famille, la ménagère en grand secret colorait des oeufs et, au matin de Pâques, les cachait au jardin.

Au saut du lit, les enfants accouraient près des parents :

- « Maman, maman, est-ce que le Lièvre de Pâques est passé ? »

- « Oui, il me semble l'avoir vu courir au bas du jardin, il avait un gros sac sur le dos ! »

- « Et, dire que nous n'arrivons jamais à le voir », soupire Gabrielle.

- « Le plus curieux, c'est que ses oeufs, qu'ils soient rouges, jaunes ou bleus, ont le même goût que ceux de nos poules ! » renchérit Lucien, d'un ton futé.

Théophile et Clémence se regardent et sourient. Ah ! Cette logique !

•••

La terre se réchauffe... Les primevères, les pâquerettes fleurissent les prairies à l'herbe tendre. Les violettes et les anémones émaillent l'orée de la forêt. Des cardamines ouvrent leurs pétales d'un mauve délicat. Les buissons noirs et épineux se parent de fleurettes aux corolles fragiles. Affairés, les oiseaux pépient et bâtissent leurs nids.

Dans cette symphonie printanière, la cloche de l'église, convie les fidèles à la prière... Voici le temps des Rogations.

Au petit matin, lorsqu'il fait beau, une longue procession débouche de l'église et se dirige vers la campagne.

Une croix portée par un garçon ouvre la marche, suivie d'une bannière à l'effigie de Saint Roch, patron de la paroisse ; viennent ensuite les écoliers. Certains se font des niches, tirent après une manche ou après une tresse, mais gare aux remontrances !

Entouré par deux servants, le prêtre, de son goupillon, bénit à droite et à gauche les champs, les vergers et psalmodie les litanies des Saints, répétées par la chorale :

- « Sancta Maria... Ora pro nobis ! »
- « Sancte Joseph... Ora pro nobis ! »

Le même rythme monotone scande les pas des fidèles.

La procession s'étire dans les rues du village, serpente dans les chemins emperlés de rosée. Encore aigrelet, l'air frais du matin rougit le nez des bambins, dessine des roses sur les joues des filles. On fait une halte devant un calvaire ; puis la procession revient au village. A bout de souffle, les personnes âgées suivent difficilement, fort heureuses de rentrer à l'église pour se reposer et reprendre haleine.

...

Pendant le mois de mai, les femmes et les jeunes filles se réunissent chaque soir devant la statue de la Vierge pour réciter le chapelet [1]. Berthe aime cette réunion empreinte de douceur ; après une journée de labeur, elle se sent bien dans la pénombre du sanctuaire et, avant de rentrer à la maison, la jeune fille dispose d'un peu de temps pour bavarder avec Maria.

Chaque année, des hommes, des femmes, par familles entières, se rendent au pèlerinage à Sainte Anne (près d'Albestroff) ou à Marimont pour implorer les faveurs de Saint-Antoine.

A la pointe du jour, les pèlerins, munis de provisions, traversent champs et forêts pour la grand'messe.

D'autres, qui possèdent chevaux et voiture, se rendent à Vic-sur-Seille, localité trop éloignée pour les piétons.

Quel plaisir d'aller tourner le « bouton de Saint-Christophe » !

La statue du bon saint protecteur des voyageurs, érigée dans la cour d'une auberge Viçoise possède un bouton mobile fixé parmi la rangée de boutons qui ferment sa tunique. Le chanceux qui tourne sans hésiter ce fameux bouton, bénéficiera de l'amitié de Saint-Christrophe ! S'il s'agit d'une jeune fille, elle se mariera dans l'année.

Depuis des décennies, usé par tant de manipulations, le bouton devient facilement repérable ; mais la coutume existera encore un siècle plus tard, les automobilistes

---

(1) - Au mois d'octobre, les mêmes prières reprennent : c'est le mois de Rosaire ...

viennent en juillet y faire bénir leurs véhicules et implorer les faveurs du bon Saint-de-la-Route !

. . .

Les villageois, animés d'une foi vive et bien ancrée, ne se lassent pas des festivités religieuses. En été, les processions se succèdent : la Fête-Dieu, puis la fête du Sacré-Coeur, donnent lieu à des déploiements de fastes.

Les jeunes hommes du bourg se mobilisent pour bâtir des reposoirs ; l'imagination et l'adresse ne leur manquent pas pour ériger les petites chapelles aux endroits choisis. Sur des plateaux de guimbardes, avec quelques planches assemblées et dissimulées par des feuillages, les hommes s'occupent du gros-oeuvre. Jeunes femmes et jeunes filles rivalisent alors d'ingéniosité pour garnir les reposoirs. C'est à qui aura la plus belle chapelle... Les femmes retournent l'armoire à linge pour trouver le drap le plus fin, orné de dentelle et brodé de larges monogrammes aux entrelacs fleuris de points savants.

Rien n'est assez beau !...

D'autres villageoises cherchent des chandeliers et des fleurs, qu'elles disposent autour d'une naïve statue de plâtre du Sacré-Coeur ou de la Vierge.

Tant de bonnes volontés, tant de pensées dévotes animent les ouvrières, qu'elles réalisent des chefs-d'oeuvres d'amour ! Pendant ce temps, les petites filles en robes blanches, la tête couronnée de fleurs immaculées, dévalisent le jardin familial ; elles effeuillent des roses, des marguerites, dans une mignonne corbeille ceinte d'un ruban qu'elles porteront au cou.

A l'issue de la messe ou des vêpres, la procession s'ébranle en grand apparat. Les cantiques succèdent aux acclamations. Le prêtre portant l'ostensoir à bout de bras, prend place sous le dais empanaché de plumes blanches. Désignés par le Conseil de Fabrique, quatre hommes portent le baldaquin tendu d'étoffes précieuses. Les porteurs, respectueux de la Sainte Présence, avancent à pas mesurés. A tour de rôle, les « encenseurs » [1] se retournent vers le Saint-Sacrement, et en gestes mesurés et déférents, font glisser leurs cassolettes sur les chaînettes. Des volutes parfumées s'échappent des encensoirs, tourbillonnent et se dispersent en légères fumerolles.

Les petites filles précèdent le cortège et lancent des poignées de fleurs sur les pas du Seigneur. Les cloches carillonnent... Le village est en fête... Jeunes et moins jeunes, tous fêtent Dieu.

La procession s'arrête à chaque reposoir ; le prêtre dépose son précieux fardeau sur l'autel improvisé, donne une bénédiction ; tous s'inclinent ou s'agenouillent. Une fusillade nourrie éclate derrière un bosquet.

Après les acclamations, le cortège s'ébranle de nouveau à travers les rues ornées de feuillages, enguirlandées de banderoles. Les cloches sonnent, sonnent... Un soleil radieux rutile sur les toits, éclaire la foule endimanchée.

Les hommes, tête nue, s'épongent le front ; des coquettes déploient leurs ombrelles. Malgré la solennité du moment, tous, sans oser l'avouer, sont heureux de retrouver l'ombre fraîche de l'église.

Après la Fête-Dieu, les cultivateurs surveillent la dessiccation des branchages répandus sur la chaussée :

- « Comme les « trimazas » [2] sècheront, ainsi sècheront les foins. »

Pour le quinze août, fête de la Vierge Marie, le même cortège se reforme. Les jeunes filles portent sur leurs épaules une statue de la Vierge parée pour la circonstance ; à sa main, on a suspendu une grappe de raisins achetée parfois très cher : à l'issue de la cérémonie, elle sera partagée entre les malades.

---
(1) - Thuriféraires.
(2) - Légers branchages.

•••

Le cycle annuel des manifestations pieuses ou profanes se prolonge par la fête du village, marquée par un repas plantureux : pâté lorrain, pot-au-feu de boeuf, et la traditionnelle tarte aux amandes. Servis une seule fois dans l'année, ces mets de choix paraissent encore plus délicieux.

Après midi, les musiciens vont de porte en porte jouer les aubades.

Contre quelques monnaies, ils épinglent à la boutonnière de chaque convive une livrée faite de deux petits bouts de rubans croisés. On leur glisse la pièce et en remerciements, ils jouent une ritournelle à la mode avant de continuer leur tournée. Le soir, jeunes et moins jeunes, se réunissent dans une grange et dansent au son de l'accordéon ou des « cuivres ».

Berthe et ses cousines vont au bal, chaperonnées par Emile, présent pour la circonstance. Les jeunes filles aiment la musique, mais ne savent pas danser ; elles regardent avec envie leurs amies tourbillonner dans les bras des garçons.

Emile se dévoue et leur apprend quelques pas...

- « Nos parents sont quand même un peu trop sévères, ils ne vous laissent jamais sortir ! » déplore t-il. Il ajoute gentiment :

- « Je plaiderai votre cause... il faut se moderniser ! »

•••

Pendant tout le mois d'octobre, les femmes pieuses assistent encore aux prières du rosaire ; et les fêtes de la Toussaint arrivent avec leurs cortèges de souvenirs mélancoliques...

Le glas lancinant sonne à intervalles réguliers, convie les fidèles au recueillement, à la prière.

Les processions au cimetière se succèdent... Des mains pieuses fleurissent les tombes ; même les plus abandonnées sont désherbées.

Du matin au soir, des ombres voilées et chuchotantes se pressent sous le porche de l'église, se glissent au cimetière et se diluent dans la brume. Certaines femmes pieuses ne quittent pratiquement pas le lieux saint ; le chapelet à la main, elles s'astreignent à de multiples allers et retours du porche à l'église, pour mériter le maximum « d'indulgences plénières » pour leurs chers défunts.

Le brouillard froid et humide, saisit Berthe lorsqu'elle sort de la veillée funèbre devant le catafalque noir. La gorge serrée, glacée jusqu'aux os, elle contourne le cimetière où dansent des ombres mouvantes. Suivie par la peur, elle court vers la maison, se glisse auprès de l'âtre, défait ses sabots, réchauffe ses membres gourds devant la flamme rassurante du foyer. Son père la regarde en silence et pose une main protectrice sur les épaules frissonnantes.

•••

Emile devenu « compagnon », revient d'un long tour de France.

Très grand et solide, il veut se spécialiser dans la menuiserie.

De Lyon, il rapporte de menus cadeaux pour les siens, et aussi un bel accordéon. Ravis, son frère et ses soeurs l'entourent. Emile exécute volontiers quelques morceaux de musique... son répertoire n'est pas encore très étendu, quelques fausses notes s'échappent parfois de l'instrument. Au diable les accords discordants : tous sont heureux d'entendre des airs à la mode :

« Frou-frou », « La valse brune », « Le quadrille des lanciers », et tant de ritournelles, jouées pour le plus grand plaisir du jeune auditoire !

Emile profite aussi de ses vacances pour aller saluer ses copains et rendre visite à la famille. Un certain matin, il revient en courant :

- « Tiens, maman, l'oncle Victor m'a donné un lapin. Il est dépouillé, découpé, tu n'as plus qu'à le faire cuire. »

- « Quelle drôle d'idée a mon beau-frère, nous avons des lapins à la maison ! »

Sans plus chercher d'explications, la cuisinière prépare les morceaux de viande et mitonne un civet délicieux. La maison embaume et attire les gourmands,... personne n'est en retard pour le repas de midi.

Après le Bénédicité, récité debout, chacun s'asseoit.

Théophile d'un geste solennel, prend la miche enfarinée et comme d'habitude, de son couteau trace un large signe de croix, avant de couper le pain de toute la tablée.

Bien réussi, le ragoût est un régal ; tous mangent de bon appétit et racontent les menus faits de la matinée.

- « Alors, il est bon le lapin de l'oncle Victor ? », demande tout à coup Emile.

- « Bien sûr ! Pourquoi ne serait-il pas bon ? » s'étonne la cuisinière.

Emile hésite, éclate de rire :

- « Parce que,... parce que l'oncle Victor m'a demandé de le débarrasser d'un matou devenu voleur. Alors, j'ai tué le chat et comme j'en ai déjà mangé avec mes compagnons italiens, je l'ai dépouillé et j'ai enlevé les extrémités ; voilà le résultat : un bon civet ! »

Emile est seul à rire...

Une bombe tombée sur la table n'aurait pas plus d'effet ! Théophile et Clémence se regardent, muets de stupeur... Une main sur la bouche, Berthe sort précipitamment de table pendant que les petits se poussent du coude et rient sous cape.

Le père se lève, défait son ceinturon... Emile disparaît avant que la lanière de cuir ne s'abatte sur ses reins.

La mère, pâlit, jaunit, en proie à une violente crise de foie qui l'oblige à se coucher.

Excédé, le père claque la porte et part vers son atelier ; tandis que Berthe fait disparaître les reliefs du repas.

Clémence gémit dans son lit ; Emile désolé va lui demander pardon :

- « Si seulement tu n'avais rien dit. Pourquoi as-tu fait cela ? »

- « Mes copains mangent bien du chat ! Ce n'est pas plus sale qu'un lapin, » rétorque le jeune homme.

- « Ici, on ne mange pas de chat, ne l'oublie pas ! Ton père doit être très fâché. Va lui demander pardon, va, mon fils ! »

Le temps passe. Marie, devenue une jolie fille brune aux yeux bleus, presque violets, songe à faire des études et entre dans une institution religieuse en Belgique ; elle sera soeur enseignante.

Il ne reste plus que trois enfants au foyer du menuisier. Berthe, belle et courageuse, se sacrifie pour la maisonnée. Pendant deux hivers, elle ira à l'école ménagère de Château-Salins.

En été, elle travaille chez le cultivateur ; comme les plus âgés, pour quelques sous, elle effectue les mêmes travaux...

A midi, Berthe déjeune chez le patron avec tous les journaliers. Après avoir trimé sous le grand soleil, sous la pluie et dans le froid, la pitance, parfois peu copieuse pour des affamés venus du grand air, est insuffisante.

On alerte Théophile :

- « Ce n'est pas une place pour votre fille, c'est beaucoup trop pénible. Et quelle promiscuité pour elle ! »

Le père et la mère se concertent, réfléchissent, se renseignent. Ils apprennent qu'une dame seule, une épicière de Gondrexange, recherche une jeune fille pour l'aider et lui tenir compagnie. La commerçante très éprouvée, a perdu son mari et, peu de temps après, sa fille unique.

Les parents font les démarches ; Berthe est agréée par l'épicière.

•••

Pour la première fois, la jeune fille, la mort dans l'âme, doit quitter sa famille, son village, ses amies.

Lucien et Gabrielle l'appellent tendrement « petite maman », et sanglotent sur le seuil de la porte. Berthe très émue, embrasse sa mère et les deux petits ; son père l'accompagne ; ils prendront le train à Bénestroff.

Mûrie prématurément, comme par un coup de baguette magique, Berthe sent qu'elle laisse toute son enfance derrière elle. Une grande vague froide noie son âme ; en marchant elle se retourne : sa mère et les enfants lui font des signes d'adieu. Submergée de détresse, elle se retourne encore, jusqu'à ce que la maison natale lui soit cachée par un rideau d'arbres.

Arrivés à Bénestroff, les voyageurs prennent leurs tickets et s'installent sur la banquette de bois de l'omnibus déjà sous pression.

Théophile prend la main de sa fille, la serre maladroitement. Sous la caresse paternelle, elle frissonne et serre les dents pour ne pas crier son chagrin. Un coup de sifflet, un jet de vapeur, et le petit train démarre en cahotant. Oh, il ne va pas bien vite et s'arrête à chaque station.

Les yeux dans le vague, Berthe écoute les roues grincer sur les rails et s'abandonne au brinquebalement des wagons. Les halètements de la locomotive bercent son chagrin. Des panaches de fumée grise, crachés par la machine, se disloquent, s'effilochent et meurent contre les vitres du compartiment.

Malgré sa volonté, des larmes perlent aux coins de ses yeux ; elle les écrase et, honteuse de sa faiblesse, ferme les paupières.

Son coeur se serre.

- « Gondrexange. Viens, Berthe, nous sommes arrivés. »

...

Quand les voyageurs sont accueillis chez la vieille dame, ils sont surpris de trouver une personne encore alerte, moins âgée qu'ils ne le supposaient. Raviné par les soucis et les chagrins, le visage fané de l'épicière paraît sculpté dans un bois sec et dur. Enfoncés dans le creux des orbites taillées dans la masse grisâtre, des yeux étranges et délavés par les larmes scrutent les arrivants, détaillent la jeune fille :

- « Bonjour Monsieur, bonjour Mademoiselle... Entrez et asseyez-vous. Je vais vous préparer un café ; » elle trottine vers le fourneau :

- « En attendant prenez un peu de ce gâteau... Vous ne mangez pas, Mademoiselle ? »

Berthe, la gorge nouée par l'émotion, ne pourrait avaler une seule bouchée. Et, toujours ces yeux trop pâles qui la scrutent !

- « Non, merci Madame, je n'ai pas faim ! »
- « Comment vous appelez-vous ? »
- « Berthe, Madame. »

Un voile de tristesse obscurcit encore le visage de l'épicière :

- « J'avais une fille de votre âge, comme vous, elle s'appelait Berthe, ce n'est pas une coïncidence, c'est pour cela que je vous ai choisie... Cette enfant était mon orgueil, ma raison de vivre !... Non, ne partez pas, Monsieur, il faut que vous sachiez tout ! » dit la commerçante et dans un sanglot vite réprimé, elle reprend :

- « Malheureusement, mon mari buvait et nous menait la vie dure. Lors d'une de ses crises éthyliques plus violente que de coutume, il se montra particulièrement odieux. Quelle honte pour notre fille et pour moi !

Je ne pus contenir ma colère et lui criai mon dégoût :

- Tu n'es plus un homme ! Il s'élança vers nous, la bouche tordue par la haine, il me bouscula et vociféra des injures ; il titubait et s'enferma dans l'arrière boutique.

Toute tremblante, notre fille prise de panique s'enfuit dans sa chambre ; elle était en proie à une crise de nerfs. Je courus à la cuisine et lui préparai une infusion. Je la consolai de mon mieux, la pris dans mes bras, elle parut se calmer... Le lendemain, devant son état dépressif, j'appelai un médecin ; il me rassura et prescrivit un traitement qui s'avéra bientôt inefficace. Alarmé, il ordonna d'autres panacées, mais en vain. Mon enfant devenait sauvage et morose, elle refusait de s'alimenter et restait enfermée au lieu de sortir avec les jeunes de son âge ; plus rien ne l'intéressait, plus rien ne la faisait sourire...

Cependant, usé par son alcoolisme, mon mari décédait emporté par une pneumonie. L'enterrement eut lieu décemment. Notre fille n'en parut pas affectée... comme si elle avait perdu les facultés de la souffrance ou de l'affection. Mais elle ne se remettait pas et devenait de plus en plus diaphane : elle avait eu « les sangs tournés », me dit une guérisseuse. Toutes les sommités médicales de la région défilèrent à son chevet sans trouver un remède pour soigner ce mal inconnu.

Désespérée, je m'agenouillai devant le lit et suppliai ma fille de faire un effort, de prendre un peu de nourriture, de se lever ; elle n'en avait plus la volonté, ni la force.

Je n'oublierai jamais ce terrible matin où je trouvai Berthe inanimée sur son lit. Je me précipitai pleine d'appréhension... Elle était froide : morte de consomption. Tout s'écroulait... Il ne me restait plus rien, plus personne à aimer ! »

La voix altérée de la vieille dame sombre, elle essuie ses yeux fanés ; et au bout d'un silence insupportable, elle interroge :

- «, Berthe, voulez-vous essayer de remplacer ma fille ? Vous ne le regretterez pas. »

Prise d'angoisse Berthe reste aphone, hésite, pose un regard inquiet sur l'épicière, puis sur son père et d'une voix mal assurée, articule :

« Oui, Madame... j'essaierai... »

Le menuisier courbe les épaules ; accablé, malheureux, subitement vieilli, il se lève, salue la commerçante, serre très fort sa fille dans ses bras et, le dos voûté, s'éloigne trop vite, sans se retourner.

Sur le seuil, Berthe regarde son père disparaître au coin de la rue ; elle se sent bien petite, abandonnée, seule au monde.

•••

- « Venez Berthe, je vais vous conduire dans votre chambre pour vous y installer ; c'est au premier étage... Voici la mienne, et celle de ma fille où rien n'a été changé depuis sons décès ; la vôtre est en face et donne sur la rue... Les trois chambres s'ouvrent sur le même palier. »

Minutieuse, la propriétaire prend le coin de son tablier pour ouvrir et fermer les portes, toutes munies de poignées d'un cuivre étincelant.

- « Ainsi elles restent propres. Nous avons déjà assez de travail, » explique la cicérone.

- « Quelle vieille maniaque, » pense Berthe irrévérencieusement.

- « Nous faisons le ménage une fois par semaine ; nous cirons les meubles, les parquets et astiquons les vitres.

61

Pour le moment installez-vous,.... et vous viendrez me rejoindre à la boutique. Aujourd'hui, il n'y a pas beaucoup de clients ; mais le samedi, les mariniers transitent par le canal, s'arrêtent au port et viennent se ravitailler à l'épicerie... Ce jour là, il ne faut pas avoir les deux pieds dans le même sabot.

Chaque matin, vous m'accompagnerez à la messe : c'est mon habitude. Nous prendrons ensuite notre petit déjeuner, et nous devrons être prêtes pour accueillir les clients. »

Berthe acquiesce d'un signe de tête.

Très frugal, le repas du soir est expédié dans un silence pesant. A la dérobée, l'épicière surveille les gestes et les attitudes de la jeune fille. Elles font la vaisselle et rangent la cuisine.

- « Merci Berthe, vous pouvez aller vous reposer, vous devez être fatiguée. »

L'employée se dirige vers sa chambre : « Bonsoir, Madame. »

Comme elle l'a vu faire, Berthe prend le coin de son tablier pour ouvrir la porte ; le pêne grince un peu et la pièce happe la nouvelle venue, l'enserre dans une solitude glaciale. Berthe regarde sous le lit, ouvre l'armoire, tire un rideau et s'enferme à double tour.

Malgré la lassitude, elle ne trouve pas le sommeil ; elle écoute les bruits de la rue, puis ceux de la maison où elle devra vivre...

Un plancher gémit, une vrillette affairée perce un bois, son crissement s'amplifie dans le silence.

La proximité de la chambre de la jeune morte terrifie Berthe ; elle croit entendre une légère respiration, des froissements de tissu... Transie par la peur, elle garde les yeux grands ouverts...

Enfin, l'épicière monte à son tour ; l'escalier craque sous ses pas. La lumière rassurante du bougeoir court un instant sous la rainure de la porte, glisse sur le parquet ciré, puis disparaît derrière une porte voisine qui se referme.

Rassurée par la présence de la vieille dame et vaincue par la fatigue, Berthe s'endort d'un sommeil lourd.

•••

Le lendemain à l'aube, la patronne frappe à la porte de son employée :
- « Ma petite Berthe, il est l'heure de se lever. »
- « Oui Madame, » répond une voix tout engourdie...

La jeune fille se hâte, fait une toilette rapide avec l'eau parcimonieuse du broc en faïence et descend ; l'épicière l'attend pour aller à la messe du matin.

Toute vêtue de noir, l'air imposant et sévère, la vieille dame, traverse le bourg, accompagnée de sa servante.

En silence, elles entrent dans le Saint-Lieu...

Berthe imite les gestes compassés de sa patronne, la suit au cimetière ; puis, sans mot dire, elles rentrent à la maison.

- « Tenez Berthe, mettez ce tablier, et venez déjeuner. »

La commerçante mange à peine ; intimidée la jeune fille, la gorge nouée, avale une goutte de café au lait.

- « C'est l'heure d'ouvrir le magasin, dépêchons-nous. »

Les clients affluent, curieux de voir la nouvelle-venue. Les jeunes essaient de plaisanter ou de rire, la patronne les foudroie des yeux et commande :

- « Berthe, allez donc au fond du jardin, remplir ce bidon de pétrole. »

- « Oui, Madame. »

Quand il fait beau, c'est une détente de courir au

jardin, de regarder les fleurs s'épanouir, et surtout de sentir un peu d'air frais ou de soleil sur son visage ; mais l'hiver venu, il gèle, la corvée trop souvent répétée devient pénible. A chaque instant, Berthe doit plonger ses mains dans la saumure pour servir les harengs salés ou la choucroute. Sa peau ne supporte plus le froid vif et surtout le contact du pétrole. De graves engelures violacées, boudinent les doigts de la servante ; elle se tait et n'ose se plaindre.

Une cliente compatissante, remarque les mains tuméfiées de l'employée. La vieille dame déclare sèchement :

- « Nous ferons rapporter un onguent de la pharmacie ; en effet, il faut soigner cela, Berthe. Et faites bien attention d'essuyer soigneusement vos mains chaque fois qu'elles sont mouillées, » ajoute-t-elle, radoucie.

Malgré cette précaution, les engelures ne guérissent pas ; la patronne ne voit rien, trop occupée par la bonne marche de son magasin. Le rayon lingeries, broderies et mercerie attire beaucoup de clientes, parfois difficiles à servir.

Un long hiver, étire ses journées tristes et monotones qui ramènent toujours les mêmes travaux, les mêmes corvées.

Dès le retour du printemps, les filles du village viennent chercher l'esseulée, l'invitent à se joindre à elles pour renforcer la chorale du dimanche, ou pour une petite promenade.

L'épicière réticente, se fait prier, fronce les sourcils ; ces sorties entre jeunes ne lui plaisent pas. Elle accepte malgré tout.

Mais, lorsque Berthe, rose et pleine d'entrain, rentre de la promenade, la commerçante l'accueille froidement, la toise des pieds à la tête ;

- « Ne croyez-vous pas qu'en de telles circonstances, ma fille serait restée près de moi, à faire du crochet ou de la dentelle ? Ne protestez pas !... Oui, je suis vieille, triste et ennuyeuse ; mais, votre présence me serait agréable ! »

Le coeur de Berthe se contracte ; elle ne répond pas et songe amèrement :

- « Sa fille, moi ? Non, je suis sa servante et sa prisonnière ! Pour lui faire plaisir, je resterai à la maison ; mais quel sacrifice ! »

...

Les soirs d'été, après la fermeture du magasin, les jeunes gens, filles et garçons, se rassemblent sur la place, viennent bavarder sous la fenêtre de Berthe et l'obligent gentiment à se joindre à eux.

L'exilée oublie sa tristesse... des rires fusent, des bribes de chansons s'élèvent quand naissent les premières étoiles...

Derrière ses persiennes closes, comme un oiseau de nuit, l'épicière écoute la conversation : toute cette fraîcheur l'irrite.

- « La nuit tombe, bonsoir... clament des voix juvéniles, à demain !... »

Berthe regagne sa chambre. Heureuse de ce temps de repos, elle tourne la clenche de la porte lorsqu'une main sèche s'abat sur son bras. En robe de chambre, les yeux luisants dans son visage décharné, la patronne déclare d'un ton outré :

- « On voit rire les sages et on entend rire les sots ! Il ne faut plus fréquenter ces jeunes fous ! Je n'aime pas ces bavardages futiles. »

- « Mais Madame, nous ne faisons pas de mal ! »

- « Non, je le sais ; mais j'y tiens, Berthe. »

La jeune fille rougit violemment et réprime une forte envie de pleurer. Elle se réfugie dans sa chambre pour écrire une lettre à ses parents.

Les paroles de l'épicière se gravent dans son esprit ; elle se referme sur elle-même, fuit la compagnie. Parfois, si une de ses amies vient au magasin, après les quelques mots de politesse échangés, Berthe baisse les yeux d'un air contraint et répond par monosyllabes. Vieillie avant l'âge, elle passe ses moment de loisirs assise auprès de la vieille dame ; elles brodent, font de la dentelle ou tricotent des bas. Parfois, un silence lourd tombe entre les deux femmes : l'épicière poursuit des pensées tragiques, tandis que la jeune fille souffre en silence de cette claustration.

•••

Emile, revenu d'apprentissage, lit et relit la dernière lettre de sa soeur.

- « Il faut que je sache ! Je vais aller voir ce qui se passe à Gondrexange. Avec ma bicyclette, je serai vite arrivé...» Angoissé, il ajoute à l'adresse de ses parents :

- « Berthe est bien changée ; elle ne semble pas heureuse ! »

Il met son projet à exécution et pédale sur la route poudreuse. Arrivé à Gondrexange, sans se faire remarquer, en client ordinaire, il attend son tour et observe. Il voit sa soeur aller et venir, servir le sucre, les bougies, courir chercher le pétrole sans lever les yeux de sa tâche.

Sur son petit comptoir surélevé, la patronne fait les comptes, encaisse l'argent...

Emile, à son tour, s'avance vers l'étalage. la jeune vendeuse lève les yeux sur le prochain client et reste bouche bée :

- « Oh, c'est toi Emile ! Quel bonheur de te revoir ; je ne t'attendais pas, » fait-elle en se jetant dans les bras de son frère.

L'épicière s'étonne, mais comprend qu'une raison

grave amène ainsi le frère de Berthe ; elle les fait entrer dans l'arrière-boutique.

La jeune fille sanglote doucement contre l'épaule de son aîné :

- « J'ai compris, tu n'as pas besoin de me raconter... », dit Emile, quittant sa soeur en larmes.

- « A bientôt, va ! »

...

De retour à Vahl, le jeune homme raconte tout ce qu'il a vu et deviné :

- « Vous n'allez tout de même pas laisser « notre Berthe » chez cette vieille détraquée... ma soeur deviendra malade, elle n'est plus la même, et dans un mois ou deux, elle sera aussi triste et égoïste que sa patronne. »

L'affaire ne traîne pas, le père argue un prétexte et va chercher sa fille.

- « C'est dommage, si Berthe était restée auprès de moi, j'en aurais fait mon héritière, » se plaint la commerçante.

Berthe toute joyeuse de rentrer, ne se lasse pas d'embrasser les petits et de remercier ses parents :

- « Je n'en pouvais plus. Emile, je te dois ce bonheur ! »

- « Il fallait bien que je me fasse pardonner tous les tours que je te jouais quand j'étais gamin... Tu te rappelles l'affaire du Saint-Nicolas de pain d'épice ? »

...

Emile part en Tunisie pour accomplir son service militaire, tandis que Marie poursuit ses études à Pecq. Lucien, assagi, travaille déjà avec son père avant de devenir bon compagnon. A dix ans, Gabrielle est encore une enfant insouciante, pleine de tendresse et de douceur.

Décidée à travailler, Berthe trouve une place de cuisinière à Metz, dans une famille très aisée où elle est considérée comme la fille de la maison.

Cependant, un soir, tandis qu'elle écrit à ses parents, elle est saisie d'une grande frayeur. Le sol, l'armoire, se mettent à trembler ; affolée elle se baisse pour regarder sous son lit. Rien ! Sa plume glisse sur le parquet ; mais, soudain, tout se stabilise.

Le lendemain matin, la patronne questionne :
- « Vous n'avez pas eu peur, Berthe ? »
- « Si, madame, je croyais que c'était un mauvais plaisant ! »
- « Non, c'était un léger tremblement de terre ! »

...

Quelques années s'écoulent...

Emile, revenu de son service militaire, s'associe à un copain et tous deux créent une entreprise de menuiserie dans la banlieue nancéienne.

Les associés s'entendent à merveille, le travail prospère...

Las du célibat, Emile épouse une jeune Ardennaise qui, au bout d'un an, lui donne une petite fille ; le papa tout ému fait part de son bonheur à sa soeur :
- « Tu seras la marraine de notre enfant, n'est-ce pas Berthe ? Et pourquoi ne viendrais-tu pas travailler à Nancy ? Tu pourrais passer tes jours de congé chez-nous. »

Berthe aime beaucoup le jeune couple et se laisse tenter ; elle trouve une place de camériste dans une grande cristallerie. Bien traitée, elle se plaît dans la grande maison où défilent des personnalités venues de la capitale.

Mais la petite fille d'Emile meurt des suites d'un accident. Les jeunes parents sont effondrés ; cependant, la promesse d'une nouvelle naissance atténue leur chagrin...

Au bout de quelques mois, un petit René voit le jour. Berthe, transportée de joie, passe ses jours de congé auprès du bébé. Par beau temps, elle pousse le landau de son neveu jusqu'à la Pépinière, le grand parc public, où elle passe des heures agréables en compagnie de l'enfant, devenu son idole.

•••

Pour ses vingt quatre ans, Berthe vient passer ses vacances à Vahl ;

Gabrielle, le gentil lutin, admire la grande soeur avec une mine comique :

- « On dirait une vraie dame de la ville... » Berthe rit et embrasse la gamine. Il parait en effet, qu'avec sa taille fine et bien tournée, ses longs jupons, ses cheveux bouffants coiffés d'un grand chapeau orné de fleurs et d'oiseaux, la voyageuse a vraiment fière allure. Gabrielle touche du bout des doigts les fleurs du chapeau et ravie, murmure avec un peu d'envie :

- « Un jardin du paradis ! Tu es vraiment à la mode, comme les dames de cire qu'on voit dans les magasins ! »

- « La prochaine fois, je t'achèterai un chapeau tout pareil. »

- « Oh oui, petite mère, » Gabrielle reprend sa tendre appellation et saute au cou de sa soeur.

- « En attendant, venez voir ce que j'ai rapporté de Nancy. »

Les enfants se pressent autour d'elle.

Marie reçoit un joli sac de voyage pour repartir vers son couvent. Lucien arbore fièrement un chapeau de paille, genre canotier, qu'il penche sur une oreille, d'un air coquin. Gabrielle ouvre et ferme un magnifique parapluie au long manche garni de deux glands de soie ; le souffle coupé, la fillette caresse l'objet merveilleux. Chaque matin l'enfant inspecte le ciel, où pas un seul nuage n'apparaît. Dépitée elle déclare :

- « Il ne pleuvra jamais ; je voudrais tant essayer mon beau parapluie ! »

- « Mets-toi sous la pompe et ouvre ton parapluie, je ferai de la pluie ! » se moque Lucien.

•••

L'Africain est venu en vacances. La maisonnée en effervescence convoque la famille pour la circonstance : on fera des photos ! Les trois soeurs invitent deux cousines : Clémence la toute blonde et Maria la gentille fée rieuse, toujours prête à jouer un « petit tour ».

Les séances de photographie se passent au jardin, contre les luxuriants poiriers plantés en espaliers :

- « Attention, ne riez plus, ne bougez plus [1] ! Regardez l'objectif ! »

Caché sous son voile noir, l'Africain opère, penché sur sa boîte de photographe... Il serre sur un bouton... Un déclic...

- « C'est fait, » dit le photographe, sortant de dessous son voile.

Au milieu du jardin familial se produit alors une envolée de jupons fleuris, de corsages blancs. Les jeunes filles, heureuses de se retrouver, chantent et rient à la vie.

•••

---

(1) - Sur les photos anciennes, on ne voit personne rire. Je suis encore en possession d'une photo de Marie (sur verre).

Cependant, des amis remarquent la beauté de Berthe et taquinent son père :

- « Tu as une belle fille, Théophile ! Si j'étais encore à marier, je mettrais mes gants blancs et je viendrais te demander la main de Berthe. Qu'est-ce que tu attends pour la marier ? »

- « On verra, on verra... Berthe est libre de faire ce qui lui plaît ; elle est bien chez-nous ! » Répond le menuisier bourru.

Jusqu'à ce jour la jeune fille décourage tous les « soupirants » ; l'un est trop petit, l'autre trop grand, celui-là est avare, le suivant est vantard.. aucun ne lui plaît vraiment.

- « Tu es trop difficile, ma fille, » dit sentencieusement le père ; dans nos campagnes on regarde le tas de fumier devant la maison, s'il est gros et important, la fille à marier est riche ; ce n'est pas le cas chez-nous, avec nos quelques vaches à l'étable ! »

•••

Un certain dimanche, un jeune homme de Guermange se présente chez Théophile : Paul, envoyé par des amis communs, est très ému.

Toute la famille assiste à l'entrevue.

- « Un véritable tribunal, » songe Paul intimidé en sautant d'un pied sur l'autre :

Ils connaissent la raison de ma visite ! Dieu que c'est difficile »

On accueille le prétendant avec beaucoup d'amabilité, on le prie de s'asseoir. Le pauvre garçon se sent le point de mire de toutes ces paires d'yeux qui le dévisagent et le détaillent.

Paul, tout raide, n'occupe qu'un coin de chaise et regarde ses mains pour se donner une contenance.

Pour les présentations, on parle de tout, sauf de mariage : ce sera décidé plus tard en famille, si l'opinion est favorable.

Emue par la réserve du visiteur, Berthe pense à l'avenir :

- « Garde des Domaines de Lindre, je ne manquerai de rien et nous vivrons au grand air. »

La visite terminée, Paul repart sur sa bicyclette...

Les langues se délient, les enfants taquinent leur aînée ; Gabrielle dans un fou-rire susurre :

- « Tu as vu, Berthe... « Il » avait les bouts de ses chaussures qui regardaient s'il allait pleuvoir ! » ; Moi, j'aurais pu me servir de mon parapluie ! »

Berthe rougit violemment et ne répond pas.

La mère gronde la gamine et, poursuivant ses pensées, déclare :

- « Je le trouve bien, simple et direct, pas infatué de sa personne ; mais, c'est à Berthe de réfléchir, c'est elle l'intéressée. »

- « Pardon Petite-Mère ; j'étais méchante, mais je ne serais pas contente si tu partais ! »

Deuxième partie : PAUL

Paul avait le même âge que Berthe, il était né à Guermange, un autre petit village lorrain serti entre les forêts, aux sources de l'étang de Lindre.

Louis, son père, garde des Domaines, surveille les étangs, prépare les coupes, dirige les bûcherons ; grand et sec, dur pour lui-même et doté d'une intégrité exceptionnelle, il entend être obéi par les siens.

Sa peau, tannée comme l'écorce des chênes de la forêt, accentue une impression de rigidité sévère ; mais la carapace cache un coeur d'or, toujours prêt à aider.

Eugénie, la femme du garde, s'occupe de la maison et du jardin tout en soignant leurs trois fils : Raymond, Paul et Louis, le dernier-né.

Trois garçons, c'est une lourde charge et l'escarcelle n'est pas trop garnie. Les enfants doivent écouter au doigt et à l'oeil. Pourtant, tout va pour le mieux.

Le vent, la pluie, le froid, n'arrêtent pas l'infatigable forestier ; il arpente les chemins, connaît chaque layon des coupes, court nettoyer le barrage engorgé par les herbes sèches, va lever des vannes pour préparer la pêche des petits étangs environnants. Il se déplace par monts et par vaux sans fatigue apparente.

•••

Cependant, après un hiver rigoureux, puis, très humide, le garde tombe malade. Malgré son courage, la fièvre le terrasse, sa poitrine lui fait mal... Une pneumonie et ses complications obligent le malade à s'aliter.

- « On m'appelle toujours un peu tard ; mais il a une forte constitution », gronde le médecin en remontant dans sa calèche :

- « Je reviendrai demain... »

Malgré tous les soins, une crise plus aiguë terrasse le garde.

Les enfants, stupéfaits, restent figés devant le cadavre de leur père. Désespérée, la jeune veuve tombe à genoux et sanglote.

Eugénie reste seule pour élever leurs trois fils. Cependant, Raymond, le plus âgé, relève sa mère, essaie de la réconforter. Les petits comprennent : ils doivent se comporter en adultes, ils essuient hâtivement leurs larmes.

•••

La vie continue et il faut travailler pour vivre.

La jeune femme doit quitter la maison forestière ; elle déménage pour se loger dans une maison léguée par sa famille.

Toute la journée, elle travaille aux champs ou au jardin, élève des poules, des lapins et quelques porcs... Les enfants, toujours impeccables dans leur tenue, ne manquent de rien.

Raymond continue ses études à Matzenheim en Alsace, dans une institution renommée pour son austérité et la bonne tenue de ses pensionnaires. Le jeune garçon apprend avidement et acquiert beaucoup d'aisance et de savoir-vivre.

Paul et Louis vont encore à l'école communale. L'instituteur, malheureusement, distribue plus de coups de bâtons que de bons points. Pourtant, les enfants travaillent bien, mais toujours avec la crainte de recevoir un coup de trique, ou de se faire tirer les oreilles.

Aussi sévère, le curé du village fait marcher les enfants à la baguette. Et, gare si un servant cafouille dans les répons de la messe. Les gamins doivent réciter toutes les prières en latin et ils ne comprennent pas un traître mot aux paroles qu'ils répètent machinalement.

Le prêtre voit tout, sait tout !

Les enfants de choeur se le tiennent pour dit ; pas un signe ébauché en catimini, pas un mot glissé à l'oreille du copain, sinon gare au nerf de boeuf...

Ah, ce nerf de boeuf tant redouté des enfants, que l'irascible religieux manie si facilement sur le postérieur des jeunes mutins ! En rentrant à la maison, inutile de se plaindre de ces mauvais traitements, car la correction serait doublée...

A l'école, l'instituteur emploie le même procédé : les taloches et les coups de bâton pleuvent pour la moindre peccadille.

•••

Un jour que Fernand, un petit cousin de Paul,

répondait irrespectueusement, le maître le saisit, le couche sur ses genoux pour le frapper. Petit et nerveux, l'enfant se débat à coups de pieds ; peine perdue, la baguette vole sur ses fesses. Les écoliers halètent, effrayés.

Tout à coup, un cri : « aïe... aïe... » L'instituteur a lâché la trique et pâlit de rage : le gamin lui a mordu la cuisse. Revenu de sa surprise, la maître furibond poursuit sa victime, mais elle n'a pas attendu la réaction et détale au plus vite, sous les yeux hilares des écoliers.

Paul, plus calme, imagine la morsure cuisante du bâton sur le bas de son dos et se tient coi.

- « Fernand n'a qu'à bien se tenir ! »

Pendant le catéchisme, les garçons assis bien sagement derrière les filles, écoutent la leçon du prêtre... Personne ne bouge.

Fernand, toujours aussi taquin, se fait tout petit et soudain, glisse ses mains sous les bras de Jeanne assise devant lui ; elle sursaute et rougit comme une cerise... Le curé voit le manège, bondit sur Fernand et lui administre une nouvelle correction.

En sortant du catéchisme, l'enfant se tient le postérieur à deux mains et gémit : - « je le retrouverai » ...

●●●

L'incident semble oublié... Paul, Louis et Fernand jouent autour de l'église... Une idée saugrenue germe dans leur tête, ils poussent la porte du Saint Lieu, entrent en tapinois. Louis, le plus futé, avise la chaire, en gravit les marches avec agilité ; ses deux copains, le nez en l'air, attendent la représentation.

Avec des gestes compassés, l'enfant imite le prêtre durant son homélie. Pris par son rôle, le jeune prédicateur étend les bras en un geste large, articule d'un air solennel et emphatique : - « Mes bien chers Frères... » Tout à leur plaisanterie, les garnements n'entendent pas s'ouvrir la porte de la sacristie. Le curé paraît, et à longues enjambées s'élance... Louis, pris au piège, essaie de fuir, descend quatre à quatre les marches de l'escalier ; mais se fait cueillir par deux bras puissants. Les cris de Louis couvrent le bruit de la raclée magistrale...

Cloués sur leur banc par la terreur, les deux autres gamins se font tout petits, puis se précipitent vers la sortie... Un peu tard ! Fernand arrive sain et sauf sous le clocher, passe le porche, en tire le vantail ; et Paul prisonnier, reçoit quelques bonnes taloches :

- « Où est ce galopin de Fernand ? »

Les deux frères restent muets, baissent la tête, puis avouent :

- « Nous ne savons pas, Monsieur le Curé. »

Au dehors, Fernand, l'oreille collée à la porte ricane, profère quelques mots grossiers... Le curé bondit aux trousses de l'effronté.

Poursuivi et poursuivant contournent le mur d'enceinte du cimetière. L'enfant, emprunte la ruelle de l'étang ; le prêtre, très robuste, suit toujours. Affolé, Fernand jette un regard en arrière ; les pas et le froissement de la soutane de l'ecclésiastique se rapprochent dangereusement.

- « Cette fois, c'est fichu... » songe le gamin qui sent déjà les coups sur son postérieur : - « Il va m'attraper... Que faire ? » Une seule solution ! Fernand s'enfonce dans les laîches et les roseaux, l'eau lui monte à la ceinture, et l'eau n'est pas chaude en ce mois d'avril ! Le garnement calcule : « La volée ou le rhume ? » Il opte pour le rhume et entre résolument dans l'onde glacée.

- « Veux-tu sortir de là, vaurien », clame le curé depuis la berge.

- « Oui, quand vous f... le camp, Monsieur le Curé ! »

- « Je t'ordonne de sortir de l'eau tout de suite ! Gare à toi, je vais aller prévenir ton père au moulin, on verra ce qu'il pense de ta conduite. »

Fernand claque des dents, mais ne bouge pas, il profère même le mot de Cambronne. Le prêtre, blanc de colère, capitule et s'éloigne.

L'enfant ne raconta jamais quelle fut la réaction de ses parents lorsqu'ils apprirent la nouvelle et le virent rentrer mouillé jusqu'aux os.

A la sortie du catéchisme, le prêtre retient Paul et Fernand :

- « J'ai besoin de vous deux. Allez à la sacristie, mettez votre soutanelle noire et une aube blanche, nous allons porter l'Extrême-Onction à une mourante. »

Les gamins se regardent l'air consterné.

- « Allons, hâtez-vous ! Toi Paul, tu porteras la croix, toi Fernand, tu prendras l'eau bénite et la clochette. Compris ? »

- « Oui, Monsieur le Curé. »

Inutile de renâcler, il faut obéir. Les enfants entourent le prêtre et ils vont déambulant dans la rue principale du village.

Paul sérieux, s'efforce de tenir la croix bien droite, tandis que Fernand compte ses pas et fait retentir la clochette à intervalles réguliers.

Oh ce n'est pas pour un empire que l'enfant oublierait d'agiter la sonnette. C'est bien la seule satisfaction de la corvée.

Sur le passage du trio, les hommes se découvrent pieusement, les femmes se signent et s'agenouillent. Tous prennent un air apitoyé de circonstance. On se connaît si bien au village.

Aussitôt que le prêtre est passé, les commères se rassemblent devant les portes, parlent à voix basse. La nouvelle se répand très vite :

- « La mère Machin ne va pas... Monsieur le Curé vient de lui porter les Derniers Sacrements. »

...

Au printemps, les enfants devaient ramasser les hannetons qui ravageaient les arbres fruitiers. Parfois les jeunes galopins attachaient un fil à la patte d'un ou deux coléoptères, les logeaient dans une boîte d'allumettes et les emportaient à l'école. Au milieu d'un cours, les garnements lâchaient subrepticement les hannetons qui tournoyaient et s'abattaient dans la chevelure des filles affolées. La leçon se transformait en chahut ; l'instituteur furibond distribuait coups de bâton et taloches.

Passé la saison des hannetons, les gamins se fabriquaient des « zoneux ». Un bout de ficelle, un gros bouton ou un osselet percé de deux trous suffisaient pour fabriquer le « zoneux ». La ficelle était passée dans deux trous et tordue aux deux extrémités.

Les jeunes lurons tiraient en cadence sur les deux bouts de la ficelle et... « zou... zou... zou... ». Le bouton ou l'os tournoyait émettant un sifflement caractéristique : « zou...zou... ». Tous les yeux des écoliers se tournaient vers l'instigateur qui prestement enfouissait l'objet au fond de sa poche avant que l'instituteur ne l'ait repéré.

Pendant qu'il sert la messe, Paul, généralement obéissant, a des distractions, le prêtre le foudroie du regard. Sans illusion, le gamin sait ce qui l'attend à l'issue de l'office ; espérant échapper au châtiment, il se hâte de retirer son surplis pour filer au plus vite... Hélas, Paul ne fait pas trois pas, qu'une main de fer s'abat sur son épaule, et v'lan, v'lan, la trique entre en action.

- « Ah, quelle poigne », gémit l'enfant en massant son postérieur endolori.

- « Si on pouvait lui cacher son nerf-de-boeuf. Tu ne diras rien à « m'an » (maman) hein Louis, sinon gare à toi. »

∴

Au bout de quelques mois, le curé trop sévère est remplacé par un confrère plein de bonté et de simplicité.

Tout en desservant sa paroisse, le nouveau prêtre se livre à une autre activité plus profane ; chasseur invétéré, par beau temps, il se rend à l'affût dans le « cougnat » (le coin) des Beutzes. L'endroit solitaire et éloigné du village convient très bien à ce genre de distraction.

Un certain soir, le chasseur immobile, aux aguets derrière un buisson de saules, retient sa respiration ; son ouïe exercée perçoit des piétinements sourds, des froissements de branches. Les bruits se rapprochent, s'amplifient, accompagnés de chuintements caractéristiques. Le curé pose un doigt sur la gâchette, prêt à tirer... En grognant, une laie énorme débouche du fourré suivie par cinq ou six marcassins rayés de brun. Sous la lune, la harde prend des allures fantastiques.

- « Dommage d'abattre la bête, les petits ont besoin d'elle », songe le prêtre : - « Mais, je ne reviendrai pas bredouille ! »

A toutes jambes, il s'élance derrière le troupeau, saisit par une patte un petit attardé qui pousse des cris stridents.

La laie et le reste de sa portée, s'enfoncent prudemment dans l'ombre épaisse de la forêt.

Le chasseur enfouit le marcassin dans sa gibecière, ramasse son fusil et à longues enjambées rentre à la cure.

Tout en tricotant des bas de laine, la gouvernante attend le retour du prêtre ; celui-ci entre précipitamment, pose son carnier sur la table et en extrait un petit cochon sauvage, tout grelottant de crainte.

La bonne lève les bras vers le ciel et gémit :

- « Mais Monsieur le Curé, vous n'y pensez pas !...

Nous avons déjà un gros chien, et maintenant voilà un sanglier ! Nous ne sommes plus dans un presbytère, mais dans une ménagerie ! »

- « Allons, allons », gronde le religieux bourru :
- « Ne vous fâchez pas, faites chauffer un peu de lait à l'animal, je vous le confie. »

En grommelant, la servante s'occupe pourtant du jeune marcassin extrêmement peureux ; elle le soigne si bien, qu'il devient très familier et court au-devant de son biberon.

Quelques mois s'écoulent, le marcassin perd son pelage rayé et devient adulte.

Curieusement, le chien adopta d'emblée le sanglier. Ils n'allaient pas l'un sans l'autre et on les trouvait souvent couchés tous les deux sur le perron de la cure. Le chien et le sanglier ne se quittaient pas. Les paroissiens souriaient lorsqu'ils rencontraient l'étrange trio. Le prêtre visitait ses ouailles suivi par ses compagnons ; les animaux l'attendaient bien sagement sur le seuil des maisons.

Il fallut pourtant vendre le gentil porcin, devenu encombrant et si noir qu'il terrorisait les enfants. Le chien chercha longtemps son ami sanglier. Etendu sur le perron, la tête sur les pattes, ses yeux aux aguets semblaient attendre, puis il périt.

Peintre émérite, le bon prêtre entreprit de décorer l'église du village. S'inspirant du visage de ses paroissiens, il peignit des fresques admirables et, comme par hasard, sur le tableau représentant la Crucifixion, on reconnaît son chien, en attente, indifférent au drame du Calvaire. Petite épine au coeur ? Nostalgie bien humaine que Dieu comprit certainement. [1]

---

(1) - le prêtre peignit quelques fresques dans l'église de Borny (57) où il fut nommé ensuite, mais il ne put achever les travaux...

...

- « Tout à l'heure, en allant servir la messe, n'oubliez pas d'emporter le pain à bénir, c'est à notre tour de le fournir. » Eugénie désigne une corbeille garnie d'une serviette brodée, recouvrant un beau pain rond.

Au village, c'est la coutume de fournir à tour de rôle le pain qui sera distribué à la grand'messe.

Pendant l'Offertoire, deux jeunes filles, gantées de blanc, présentent solennellement le pain à l'officiant pour qu'il le bénisse.

Le président du Conseil de Fabrique, on l'appelait « l'échevin », se lève de sa stèle, se rend à la sacristie pour découper le pain en petits carrés qu'il dispose dans deux corbillons.

Après la communion, deux servants passent de banc en banc, pour offrir un morceau du pain bénit. Chaque paroissien se sert et, pieusement, fait un grand signe de croix avant de manger. A l'issue de l'office, un servant apportera « le croûton » à la famille qui devra fournir le pain pour le dimanche suivant. La chaîne se poursuit sans interruption. Souvent, pour les dimanches de « fêtes carillonées », [1] le pain est remplacé par de la brioche.

D'un village à l'autre, les coutumes se ressemblent... Pour le dimanche des Rameaux, les enfants déposent sur les marches du choeur des gerbes et des brassées de buis. C'est à qui aura le plus beau bouquet, garni des plus beaux rubans ! Au début de la messe, le prêtre bénit ces brindilles.

Dans chaque famille, le buis nouveau remplacera celui de l'année précédente. Toutes les pièces de la maison, chambres, cuisines, greniers, appentis, étables, seront garnies d'un brin de buis. A la sortie de la messe,

---

(1) - grandes fêtes religieuses... Noël, Pâques, Fête Dieu, Ascension, Assomption, Toussaint.

des mains pieuses n'oublieront pas d'en fleurir la tombe familiale.

Pendant les quinze jours précédant Pâques, une activité fébrile règne dans les foyers. Les ménagères ont à coeur d'entreprendre « le grand débarras de printemps »... Armoires, buffets, sont vidés, nettoyés ; les literies sont tapées, secouées, brossées, aérées ; les meubles sont cirés, les planchers lavés. On approprie les dépendances, les étables, les greniers, rien n'échappe au balai ou au torchon.

Ce travail terminé, Eugénie accroche seulement le buis nouveau au crucifix ou au bénitier, toujours suspendus à la tête du lit lorrain, à la place d'honneur ; pas une pièce n'est oubliée. Le reste de la gerbe sera planté au jardin et ira fleurir la croix commémorative, édifiée au fond de la « portion ». [1] (Depuis, quelques années le monument a été classé et fait partie du Parc naturel de Lorraine).

Venu de Matzenheim pour les vacances, Raymond se joint parfois aux crécelleurs... Durant la messe du Jeudi-Saint, les cloches sonnent à toutes volées avant de partir pour Rome. Les crécelleurs sont chargés de rythmer la vie du village, d'annoncer l'heure des offices. Les garçons ne se font pas tirer l'oreille ; dès l'aube, ils parcourent les rues et prennent un malin plaisir à réveiller les dormeurs par le crépitement prolongé de leurs crécelles et par de tonitruants :

« Récitez votre angélus ! »

Cette distraction ancestrale ne dispense pas les gamins d'assister à toutes les cérémonies religieuses : Office des Ténèbres, Heures d'Adoration, Chemin de Croix ! Ah ! Ces longues stations où les servants se rabotent les genoux sur les dalles glacées !

---

(1) - interdiction de construire à 20 mètres à la ronde.

Cependant, les enfants aiment cette célébration angoissante, empreinte de mystère et, chaque fois que les fidèles répètent derrière le prêtre : - « Parcé Dominé... Parcé Populo tuo...», les servants se relèvent vivement, avancent sagement, l'un portant la croix, l'autre portant l'encensoir pour ne s'arrêter qu'à la quatorzième station. Bien-sûr, la cérémonie serait plus amusante s'ils avaient la permission de manoeuvrer leur cassolette d'un air compassé, de marcher à reculons, comme les pieux thuriféraires vus à la ville ! C'est à qui chargera l'encensoir, pour le plaisir d'enfumer copieusement les paroissiens.

Le village vivra en léthargie jusqu'au samedi à midi quand les cloches seront de retour pour annoncer la joie de la Résurrection.

La veille de Pâques, Paul et Louis serviront la longue messe matinale, où l'officiant bénira le feu et l'eau.

Les dernières oraisons terminées, les servants, heureux de se détendre, rejoindront les copains et, comme dans les environs, ils feront le porte à porte pour réclamer leurs oeufs de Pâques.

Pendant ce temps, une personne de chaque famille se rend sous le clocher pour remplir une bouteille d'eau bénite.

L'eau nouvelle servira dans les grandes occasions ; on en mettra dans les bénitiers pour chasser le Malin, on en versera quelques gouttes dans la pâte à pain, sur le grain des semailles, on en aspergera aussi les écuries, les étables pour conjurer le mauvais sort... Partout, l'Eau-Sainte avec sa branche de buis est présente ; devant un cercueil, lors d'une ultime visite, parents et amis, ne manquent pas de bénir le défunt et de se signer.

A l'occasion d'un mariage, l'eau bénite est encore

présente. Avant de partir pour la mairie, la fiancée s'agenouille devant son père et lui demande sa bénédiction. Solennellement, le père prend le brin de buis, trace le signe de croix sur la tête inclinée de sa fille et lui souhaite bonheur et prospérité.

•••

Un jour, le clan des garçons se concerte :
- « Si nous allions jouer autour du château, dans le Parterre ? »
- « C'est interdit ! » argue l'un.
- « Alors, tu restes là, froussard ! »

Tous se mettent d'accord et se font la courte-échelle pour escalader le mur du parc ; un à un, ils sautent sans encombre sur la pelouse. Les enfants se poursuivent, piétinent les plates-bandes bien entretenues, font le tour de la maisonnette du jardinier : rien ne bouge...
- « Chic !... Il est absent ! »

Des fruits abondants pendent aux arbres, ils ne sont pas mûrs, mais les garçons en croquent à belles dents et ravagent une planche de fraisiers.

Ivre de liberté, la petite bande contourne l'étang de Guébling, la pièce d'eau située au centre du parc. A l'approche des enfants, des légions de grenouilles fuient dans les grandes herbes et sautent dans la mare tapissée de « lentilles d'eau » [1]. Les plantes aquatiques s'écartent, complaisantes, et se referment, pour dissimuler les batraciens. Au milieu de ce tapis de verdure, on distingue à peine une tête verte et deux yeux jaunes immobiles. Un gamin jette une motte de terre... c'est un remous de vase ; puis, peu à peu, le tapis vert désintégré se ressoude.

Un jeune rêveur déclare :

---

(1) - petites algues au feuillage rond

- « Ma mère m'a raconté que les habitants de Guébling, sujets du Châtelain de Guermange, devaient venir pendant la nuit pour faire taire les grenouilles qui gênaient le sommeil des hôtes du château ; pour cela ils devaient taper dans l'eau en criant : « paix... paix... Madame dort ! » ...

- « Bof ! » réplique un indifférent en haussant les épaules et, pour prouver sa supériorité, il propose :

- « Voici des coudriers bien flexibles ; nous allons nous tailler des arcs, et avec les tiges des roseaux nous fabriquerons des flèches. »

Tous applaudissent et se mettent au travail ; chaque garçon qui se respecte, possède un couteau ou un canif enfoui au fond d'une poche ; d'autres sortent de la ficelle soigneusement pelotonnée. Assis en rond autour du chef de bande, ils taillent et façonnent leurs armes... La besogne se termine :

- « Nous allons jouer à la guerre, je serai Bazaine... Pour que ce soit plus vrai, garnissons nos veste de ces « boutons de soldat » (fleurs de bardane) qui poussent sur ce tas de gravas. »

Plein d'entrain, les gamins dévalisent les plantes aux larges feuilles, cueillent les boutons crochus et velus, les accrochent sur leurs vêtements.

Les petits garnements s'en mettent partout et en glissent même dans leurs poches ; l'un deux, ricane :

- « Ce sera pour les filles, si elles nous dénoncent ou nous taquinent, gare à leurs cheveux ! »

Tous les combattants sont fin prêts... La poursuite commence entre les deux clans. Les jeunes guerriers se cachent dans le bosquet, piétinent les tendres semis. La mêlée est générale ; mais les plus petits perdent du terrain, reculent, lâchent leurs arcs et leurs carquois et, pris dans le feu de l'action, s'arment de branchages et de cardères pour se défendre plus efficacement.

Le jeu tourne au vinaigre... les combattants s'affrontent avec tout ce qui leur tombe sous la main.

Les plus astucieux se barricadent dans les tourelles qui ornent les coins du Parterre.

- « Quelles sottises faites-vous encore là-dedans ? », crie le garde d'un voix sévère.

Médusés, les belligérants s'arrêtent foudroyés, laissent tomber leurs armes, et disparaissent prestement. Les uns, se font la courte-échelle, les autres, s'agrippent à une branche d'espalier et sautent dans la rue, hors de la vue du garde furibond.

...

Fort heureusement, les jeux sont souvent plus anodins ! Paul, Louis et Fernand, aiment voir oeuvrer les artisans du bourg : le charron dégrossissant des pièces de bois à l'aide de sa gouge, pour fabriquer des roues et pour construire des chariots. Le bourrelier armé de son alêne, occupé à coudre et à raccommoder des harnais, à les graisser lorsque le cuir en est devenu sec et fendillé.

Par un bel après-midi, les trois copains se rendent chez un des forgerons afin de le voir travailler le fer. Parfois, ils sont invités, quel honneur, à tirer sur la chaînette du gros soufflet pour actionner la forge !

- « Futt... futt...», le brasier rougeoie, des étincelles pétillent, se perdent dans le noir de la hotte. Ceinturé de son gros tablier de cuir, le maréchal (on l'appelle familièrement : père Marchâ), aidé d'une longue pince, place une barre de fer au milieu des braises : il la tourne, la retourne et lorsqu'elle est bien rouge, il se dirige vivement vers l'enclume pour façonner un fer à cheval. Le marteau vole, frappe à coups redoublés ; l'enclume résonne ; des jets d'étincelles jaillissent, auréolant la tête grise de l'artisan. Ses yeux paraissent alors plus blancs, plus saillants. De sa pince, il fignole son ouvrage, le plonge dans un bac d'eau froide ; de gros bouillons se forment, de la vapeur d'eau s'élève. Méticuleusement, il inspecte son travail ; il faut parfois limer ou refaire une partie défectueuse.

Sans bouger, les garçons contemplent l'homme ; cette force de la nature semble se jouer des difficultés. Les trois lurons attendent que le forgeron leur adresse la parole. Le père Marchâ est maire de la localité et possède un certain bagage ; malheureusement il a la manie de commencer les discussions par la même entrée en matière, dans notre bon patois lorrain :

- « Alors tolé... val lé question » [1]

Même quand les autorités allemandes s'adressent à lui, le maire, avant de s'enquérir de l'objet de leurs démarches, ne peut s'empêcher de proférer : - « Alors tolé val'lé question... » puis, se ressaisissant, il interroge poliment :

- « Was wunschen Sie, Hrrn ? » [2]

Tout à coup, dans le rectangle lumineux de la porte, s'encadre un vieil homme boiteux, perclus de rhumatismes ; on l'appelle « Le Bakâ » ;

- « Père Marchâ... père Marchâ... J'a mâ é dents ! » [3]

Sans se presser, le brave maréchal essuie ses mains à un torchon souillé de suie ; puis revient posément vers le malade :

- « Mets-toi assis là et baille ta bouche. Montre moi où tu as mal ? »

- « Ici, père Marchâ ! »

- « Alors tolé, val lé question ! Il faut l'arracher, elle est noire ; après tu n'auras plus mal ! »

Le forgeron fouille dans un tiroir, choisit une pince, la plus petite de la série, la passe à la flamme du brasier

---

(1) - alors là, voici la question.
(2) - que désirez-vous, Messieurs ?
(3) - Père maréchal... Père maréchal... J'ai mal aux dents Marchâ = Maréchal. Bakâ = Boiteux

et revient à son patient vert de peur :

- « Alors tolé... mets tes deux mains ici et serre fort ; puis, baille tout grand, plus grand que cela... Tu ne bouges plus ! »

Bakâ fait oui de la tête et fixe d'un oeil terrifié la grosse main velue armée de la pince...

- Cric... Crac... Suit un hurlement de cochon qu'on égorge.

- « Ca y est ! Je l'ai ta dent ! » triomphe le père Marchâ en la brandissant au bout de sa pince. « Tiens, prends la, tu la mettras sous ton oreiller et les souris viendront la chercher pendant la nuit. Maintenant tu n'auras plus mal ! Demande à ta patronne de te donner un peu de goutte pour te rincer la bouche convenablement ; tu ne la boiras pas toute, hein ? » recommande le dentiste improvisé en roulant des yeux blancs et sévères.

- « Non, entendu ! Merci père Marchâ. » D'un revers de manche, le Bakâ essuie sa bouche sanguinolente et en traînant sa jambe retourne vers ses étables.

A l'issue de l'opération, les trois gamins se sont éclipsés sans bruit.

•••

- Oh, de jeunes visiteurs ! Qu'est-ce qui vous amène mes enfants ? demande le cordonnier en ouvrant la porte de son échoppe.

- La mère voudrait que vous raccommodiez nos chaussures, père Henry et que vous nous en fabriquiez à chacun une autre paire.

- Entendu, mais entrez et asseyez-vous sur ce banc.

Paul et Louis s'éxécutent.

- Défaites vos souliers, je vais reviser tout cela, ensuite je prendrai vos mesures.

L'un après l'autre le cordonnier vérifie les

brodequins, les glisse sur le pied-de-fer, cheville par-çi, recloue par-là ; puis, d'une alêne sûre, il recoud solidement les coutures déficientes.

- Voilà, c'est fait, les chaussures pourront encore durer longtemps ; mais il faudrait les graisser plus souvent. Maintenant, pose ton pied ici, Paul... L'homme s'agenouille, et d'un trait de craie trace un patron.

- A ton tour Louis... Bien entendu, il faudra revenir pour l'essayage. Vous pouvez rester un peu avec moi, j'aime la jeunesse. Tenez, passez-moi ces petits clous, ce sera plus facile : ils sont très fins, on les appelle « des semences ».

Avec un marteau, à coups légers, le cordonnier assouplit une peau, prépare des ébauches. Intéressés, les enfants ne perdent pas un geste de l'habile artisan.

...

Des forains ambulants viennent régulièrement au village ; ils exercent tous un petit métier. Le rétameur excite la curiosité enfantine : tous le connaissent, il vient depuis si longtemps avec sa charrette tirée par son chien-loup.

Le rétameur attache le chien à son gros vélo ; puis installe son creuset et ses outils sous les marronniers de la place de l'église. L'arrivée du bonhomme ne passe pas inaperçue, les enfants se rassemblent autour de lui. Paisiblement, le rétameur active le feu sous son creuset ; tandis que les ménagères apportent des couverts, des ustensiles.

Quand l'étain bout à grosses bulles argentées, le père Weil, à l'aide d'une pince, y plonge les objets à remettre à neuf. Très adroit, le forain remet aussi des fonds aux marmites usagées, rebouche un trou avec une coulée de plomb, aiguise les ciseaux sur sa meule.

Son travail terminé, le forain et son chien repartent vers Dieuze.

Plus tard, un couple, « le Henri et la Marie », prendra le relais du père Weil. Eux, viennent dans une carriole traînée par une vieille haridelle ; ils rempaillent les chaises et ressoudent les casseroles...

Malheureusement, les deux forains, portés vers la boisson, stationnent longuement dans les auberges, ce qui les oblige parfois à passer la nuit dans la paille d'une remise pour cuver le trop plein d'alcool ingurgité.

En rapportant les ustensiles, Marie se trompe ; les ménagères protestent.

- C'est la faute du Henri, il ne fait pas attention, mais attends, je sais maintenant ; c'est le pot vert, « nemm, celui qui avait un trou la cul ; » je vais te le rapporter !

On sourit, Marie ne parle pas très bien le français.

Les forains s'éloignent en se disputant

•••

- Plan, plan, rataplan... plan, plan ! Les ménagères sortent sur le pas des portes...

Habillé de sa blouse bleue, coiffé de son képi à cocarde bleu, blanc, rouge, le père « Banhouâ » [1] frappe à coups redoublés sur son tambour ; il articule d'une voix forte en insistant sur le « s » :

- Avis... La population est informée qu'un cirque a dressé sa tente sur la place du village... Une représentation sera donnée ce soir à partir de vingt heures. Qu'on se le dise !

Les artistes passeront dans les rue du village entre douze et treize heures, pour que les écoliers puissent les voir.

Un roulement de tambour, et de son grand pas, le

---

(1) - Banhouâ : garde-champêtre, appariteur.

père Banhouâ va porter la nouvelle à un autre coin du village.

...

Les enfants d'Eugénie rentrent de l'école très excités :
- On pourra aller au cirque m'man ?
- Oui, mes enfants, ça n'arrive pas si souvent.
- Oh, merci, merci m'man !

Tout heureux, Paul et Louis avalent leur potée, glissent un morceau de lard entre deux morceaux de pain, chipent un cornichon et filent dans la rue.

Une cavalcade et des trompettes se font entendre et, au tournant de la route, débouche une étrange procession. Deux clowns, un gros et un petit, le nez rond et colorié, ouvrent la marche en jouant de la trompette et des cymbales. Des enfants bruns, aux vêtements multicolores, promènent des chiens savants, des biques et même deux singes.

Gros et ventru, un homme présente un ours et l'oblige de temps à autre, à se dresser sur son train arrière ; le plantigrade grogne, mais obéit en se dandinant d'une patte sur l'autre.

Viennent ensuite de jeunes écuyères vêtues de robes en tulle rouge pailleté d'or, elles montent de fringants poneys à la tête enrubannée.

La parade se termine par un défilé d'hommes et de femmes costumés de larges blouses et de robes brodées à la hongroise.

Avec regret, les enfants doivent retourner à l'école ; émerveillés, ils attendent impatiemment la tombée du jour. La classe terminée, les jeunes curieux ne manquent pas de jeter un coup d'oeil aux préparatifs, avant de rentrer chez leurs parents.

Personne n'avait encore vu un cirque s'arrêter au village ! Oh, il n'est pas bien grand ! Entre trois roulottes, on a tendu une toile de tente et répandu un peu de sciure sur le sol.

Le soir venu, les enfants sont tous là, bien avant la représentation !

Dans l'enceinte, un homme allume des lanternes fumeuses.

Le dompteur et son ours attendent les clients à l'entrée. D'une voix gutturale, le Magyar propose une séance gratuite à qui fera toucher la terre au grizzly. Trapu et puissant, l'animal lourdaud défie les badauds.

- « J'essaie, je verrai le spectacle pour rien ! » se promet un jeune homme en retroussant ses manches. Saisissant la bête à bras le corps, Henri le secoue ; impassible elle résiste, puis soudain roule dans la poussière.

- « Ah ! Oh ! » Crient les villageois admiratifs.

- « J'ai droit à ma soirée ! » hurle Henri plein de suffisance.

- « Je peux en faire autant, vous allez voir ! » rétorque Marcel, son amour propre piqué à vif.

Derrière ses grosses moustaches, le Hongrois sourit légèrement. On fait le cercle, les curieux retiennent leur souffle. Après avoir retiré sa veste, Marcel empoigne l'ours, qui, d'une patte solide, se contente de le repousser. Dressé comme un roc le plantigrade ne bouge pas ; mais ses petits yeux brillent, ses dents se découvrent cruelles et d'une seule bourrade il projette son adversaire sur le sol. L'assistance éclate de rire. Penaud, Marcel se relève et disparaît dans la foule ; il paiera sa place !

Tandis que l'orgue de barbarie égrène ses ritournelles, la représentation commence. Des clowns hilares, des jongleurs, se succèdent sur la piste. Des applaudissements crépitent. Souples comme des lianes, beaux comme des petits princes, de jeunes enfants exécutent des numéros de trapèze sous l'oeil sévère de leurs parents. Dirigés par les jeunes écuyères, des singes s'adonnent à mille facéties... sautent sur la croupe des poneys, se livrent à des acrobaties qui déclenchent les rires des spectateurs. Un numéro de prestidigitation termine la soirée.

- Paul et Louis, vous vous êtes bien amusés ? questionne Eugénie depuis son lit...

- Oh oui, m'man ! Mais tu ne dors pas ? Il y avait...

- Oui mes enfants, demain vous me raconterez ; il est temps d'aller vous coucher ! Je vous attendais sans pouvoir m'endormir.

... De quoi raconter pendant plusieurs semaines...

•••

Au cours de la matinée qui suit, une troupe de bohémiens envahit le village. Les gitanes vont de porte en porte, en quête d'un morceau de lard, de quelques oeufs ; d'autres, s'introduisent dans les maisons, insistent pour vendre de la bimbeloterie, de la mercerie.

Eugénie prévenue par Louis, ferme sa porte ; elle se souvient de sa jeunesse, lorsqu'une de ces romanichelles évincée, lui prédit qu'elle perdrait son époux et qu'à tant pleurer « ses yeux pourriraient. »

Elle est devenue superstitieuse ; les paroles rassurantes de ses fils, et, même les remontrances de son confesseur, n'y peuvent rien changer !

La ménagère a peur des salamandres qui hantent le puits, peur des petits lézards gris. On lui a dit de ne pas les toucher parce qu'on perd alors de l'argent ou une chose précieuse, et, la chère femme est si peu nantie, qu'il ne faut pas tenter le diable ! Malheureusement des crapauds logent dans la cave... Des crapauds ventrus et pustuleux, avec des yeux immobiles. Aussitôt qu'elle en aperçoit un, elle lui jette un crachat pour détourner le mauvais sort.

Pire... Ces temps derniers, la ménagère entendait un chant de coq dans son poulailler.

- « Et alors ? C'est bien normal que le coq chante ! » rétorque Paul.

- « Non, mon fils, parce que j'ai tué le dernier coq pour les fêtes de Pâques ! »

- « Tu as rêvé, m'man, c'est peut-être un coq étranger, venu du voisinage ? »

- « Je vais m'en assurer ; je crains que ce soit une « poule qui chante le coq », c'est un présage de malheur ! »

- « Oh m'man, tais-toi avec ces histoires à dormir debout ! »

Entêtée, Eugénie s'installe aux abords du poulailler pour nettoyer ses légumes. Les poules grattent sur le fumier mais tout à coup, un cocorico retentit.

- « Ah, je ne m'étais pas trompée ! » murmure la mère en sursautant.

Perchée sur la brouette, une magnifique poule jaune, la crête en bataille, lance à nouveau un cocorico sonore.

- Je savais bien que je ne me trompais pas ! Demain, elle sera dans la cocotte, cette bête infernale !

...

- « Deux jours que les romanichelles campent au lavoir ! » rouspète le garde champêtre, le képi de travers.

- « J'ai beau leur dresser un procès verbal, leur enjoindre de quitter le village, c'est comme si je chantais ! »

En effet, les gitans se sont installés près du lavoir pour y passer une deuxième nuit. Deux chevaux efflanqués mangent l'herbe du talus ; un chien famélique, hirsute, aboie rageusement. Des matrones, crasseuses allument un feu de branchages et s'affairent autour d'une marmite. Accrochés à leurs jupons, des enfants braillent.

Assis à l'ombre des marronniers, les hommes fument la pipe et se livrent à de longs palabres. Les passants se hâtent, pressent le pas ; sans se l'avouer, ils redoutent le regard noir, insondable, de « ces gens venus de nulle part. »

- « Gare aux oeufs, aux poules et aux lapins ; il faudra fermer les portes et lâcher les chiens. » songe le père Adelé en revenant des champs.

Le père Banhouâ [1] se désole et veut se démettre de sa fonction. Il se plaint au père Mion :

- « Pas la peine de leur dresser un procès-verbal ! Avec quoi le paieraient-ils ? Et puis, je ne suis plus très hardi pour affronter « ces caramagnats » !

- « C'est plus facile avec nous, hein, père Banhouâ ? Nous réglons nos petits différents à l'amiable, devant une bonne petite goutte ! C'est bien mieux ainsi. »

•••

- « Ce soir, Paul et Louis, vous irez vous faire couper les cheveux chez le père Guignol ; demain c'est jour de Fête-Dieu et je veux que vous soyez propres, » ordonne Eugénie.

- « Oui m'man ! »

Le père Guignol, qu'aiment les enfants, est un étrange personnage tout de flegme et de bonhomie. Le perruquier, on l'appelait parfois ainsi, vit d'un tas de petits métiers, tandis que sa femme exerce ses talents

---

(1) - Banhouâ : le garde-champêtre.

de sage-femme. Le petit homme, soigne, garde les bêtes, coiffe les villageois ; tous les samedis on le voit partir avec sa caissette à instruments. Il commence son travail au moulin où il tond père et fils, puis il continue sa tournée par les rues du bourg. En fin de journée le rasoir ne coupe plus trop bien, la tondeuse s'étrangle, refuse parfois ses services ...Qu'importe, le père Guignol, toujours optimiste, achève son travail avec les ciseaux :

- « En marchant vite, ça ne se verra pas, » dit-il avec sa philosophie habituelle.

•••

Emaillée d'incidents futils, la vie s'écoule au fil des saisons. Et pourtant...

En cette année 1902, l'étang de Lindre fut asséché et mis terrages. Tous les trois ans, les agriculteurs des environs profitaient de l'aubaine et ensemençaient les immenses parcelles limoneuses et très productives. Surcroît de labeur, mais les gens de la terre, ne comptent pas les heures qu'ils y passent. Une moisson abondante et prometteuse les récompenserait de leurs peines.

Malheureusement le mois d'août s'annonçait pluvieux, « pourri », les paysans n'arrivaient pas à rentrer leurs moissons et se désespéraient : chaque jour, une averse orageuse compromettait le travail acharné des moissonneurs.

Quinze août...

Les villageois s'apprêtent à fêter l'Assomption ; c'est la fête de la Vierge Marie, et nul ne songerait à travailler durant cette journée.

Pourtant le soleil, sorti enfin des nuages, brille dans le ciel tout bleu.

- « Bien dommage que ce soit férié, pour une fois qu'il fait beau ! » songent les agriculteurs. Monsieur le Curé, consulté, accorde sa permission ; après la messe, les villageois décident de sauver une partie des récoltes.

A contre-coeur, les hommes endossent leurs vêtements de semaine, attèlent les chevaux et partent vers les terrages.

Une chaleur lourde et brûlante s'abat sur la campagne ; de légères fumerolles s'élèvent de la glèbe restée spongieuse et gorgée d'eau. Tous s'affairent, défont les meulettes pour les sécher ; d'autres entassent les gerbes sur le plateau des guimbardes.

Lourdement chargés, les chariots s'enfoncent jusqu'aux moyeux ; déséquilibrés, certains chavirent, se renversent et le travail est à recommencer.

Les chevaux, tous muscles tendus, tirent de toutes leurs forces, leurs sabots s'engluent, la boue gicle. Hommes et bêtes couverts de glaise, assiégés par les taons et une multitude de moucherons énervés, peinent tout l'après-midi.

Cependant, la journée se termine assez bien... Tous rentrent fourbus, mais heureux.

Un agriculteur, appuyé sur la porte de l'écurie, murmure :

- « Il était temps ! Regardez, le coq du clocher se tourne à nouveau vers la pluie... Les pierres de taille du corridor sont mouillées, les poules ne rentrent pas au poulailler ; les chevaux tapent du pied, ils hennissent et sont nerveux... Vous verrez, mes enfants, c'est infaillible !... Et l'oiseau de pluie qui jette sa plainte depuis ce matin... Le beau temps est fini ! » Déjà !

En cultivateur averti, il ajoute sentencieusement à l'adresse de Paul :

- « Allons, rentre chez ta mère, tu viendras voir les chevaux un autre jour. Regarde ce gros nuage qui monte au-dessus de l'étang, il nous apporte encore de la pluie et de l'orage. ! »

...

La nuit tombée, les villageois, recrus de fatigue, se couchent très tôt.

Le gros nuage noir grossit, avance. Le tonnerre roule dans le lointain. La pluie crépite déjà sur les toits. L'air rafraîchi, on respire... Chacun goûte son repos.

Tout-à-coup, une lueur aveuglante, suivie d'un craquement réveille les dormeurs. Le père Mion saute en bas de son lit, voit une boule incandescente courir le long des toits et embraser les maisons accolées les unes aux autres. La traînée infernale enflamme tout sur son passage. Les toitures sont en feu. Chez le père Mion, on se hâte, on court sonner le tocsin à l'église toute proche.

Parmi les éclairs, les lueurs de l'incendie et les craquements de l'orage, les paysans hébétés, parfois en chemise, sortent de leur logis sans rien emporter. Un ménage très pauvre, n'a même pas le temps de sauver l'unique vache de l'étable. Tout le menu bétail périt dans l'énorme brasier.

L'incendie éclaire des scènes déchirantes. Des pleurs, des cris de terreur, des plaintes s'élèvent, des femmes tombent à genoux, lèvent les bras vers le ciel. Les hommes, impuissants devant l'ampleur du sinistre, restent muets, sans réaction et regardent les flammes dévorer leurs biens.

Tous les habitants accourus essayent en vain de faire la chaîne avec des seaux d'eau... quelle dérision ! Même Paul, malgré sa jeunesse assiste au drame, et en revient mûri.

- « La colère du ciel ! On a travaillé un jour de fête religieuse... » disent quelques fanatiques.

Il faut, avec peu de moyens, parer au plus pressé, reloger les sinistrés, aider les plus démunis. Trempés jusqu'aux os, noirs de fumée et fourbus, Eugénie et ses enfants rentrent au logis. Saisie de terreur retrospective, la mère soliloque :

- « Quelle catastrophe ! six familles qui ont tout

perdu ! Rien d'étonnant, hier soir, les chouettes hululaient aux alentours et les chauves-souris dansaient leur sarabande sous le toit. Je ne pouvais m'endormir et me suis relevée pour essayer de déchasser les oiseaux nocturnes et, juste à ce moment là, deux chats noirs ont traversé la ruelle... Ce sont de mauvais présages ! »

Paul et Louis protestent :

- « Voyons maman, tais-toi ! Ce sont des histoires à dormir debout ! Crois-tu vraiment que les chouettes et les hiboux soient des oiseaux maléfiques ?... Ils détruisent les souris qui mangent tes semis ; ils sont très utiles et si beaux qu'on doit les protéger, au lieu de les tuer si bêtement. Voudrais-tu qu'on les cloue encore à la porte des granges, comme dans le temps ? Certes, les chauves-souris ne sont pas jolies, mais elles sont inoffensives ; n'aies crainte, elles ne viendront pas se glisser dans tes cheveux, comme on disait autrefois! »

Il est vrai qu'au village, on redoutait les « jeteurs de sorts », et quand Eugénie rencontrait un étranger aux yeux perçants, « dont la tête ne lui revenait pas », elle se détournait vivement et crachait sur le sol... Un vieux cantonnier assurait même qu'en mettant un peu de « poudre d'ongle » dans le breuvage de la femme qu'on convoite, on peut s'en faire aimer !

Pour les mêmes raisons, on brûlait soigneusement les cheveux coupés ou ceux qui restaient dans le peigne, afin d'éviter « les voûts » des personnes malveillantes.

En ce temps-là, le rebouteux faisait plus d'argent que le médecin et le vétérinaire... Dans certaines maisons, il soignait les gens et les bêtes, chassait le « mauvais oeil » par ses incantations.

...

- « M'man, je vais voir le père Renner ! On dit chez l'oncle Chrétien que le bonhomme s'est fabriqué une machine à « mouvement perpétuel » ; on appelle cela ainsi, et j'aimerais bien voir ! ... »

Joseph Renner, menuisier-charpentier, attire la curiosité du voisinage ! En artisan très ingénieux, il se fabrique des machines étranges.

Pour éviter à Mélanie, sa femme de tourner la mécanique de la riffleuse, l'habile menuisier a façonné une sorte de contre-poids dans une souche de chêne. Dans la masse du bois, il a sculpté un corps massif avec une tête et adapté le chef-d'oeuvre à la batteuse. L'effigie possédait des bras articulés, et pour faire comprendre à quoi servira son invention, Joseph l'appela simplement « Mélanie » !

Si on actionnait la roue de la machine, de l'autre côté, là on aurait dû être l'épouse, la masse articulée s'élevait et retombait entraînant le deuxième rouage. Le menuisier économisait ainsi les bras de sa femme, laquelle engrainait, travail moins fatigant pour elle.

Curieux, tous les jeunes gens du village se rendent chez Renner pour tourner la « rifleuse » et voir « la Mélanie » de bois en action. Dans une seule soirée, Joseph peut battre ainsi une cinquantaine de gerbes. La machine ronfle, la maison tremble sur ses assises ; la lanterne sourde se balance et s'auréole de poussière rousse... Des rires et des plaisanteries fusent, assourdis par le tintamarre de la « rifleuse ».

Après le travail, un verre de vin ou un café arrosé d'une « petite goutte » (eau-de-vie) récompense les ouvriers bénévoles ; tous rentrent contents.

L'atelier de Joseph est aussi le lieu de rendez-vous des gamins du village. Très adroit, le bricoleur s'est fabriqué un vélo en bois : une draisienne, avec une grande roue par devant, actionnée par un pédalier. Après avoir façonné et bichonné son invention, le menuisier décide de voyager et de « voir du pays ».

Un certain jour, les passants trouvèrent la porte de l'atelier fermée, celle-ci portait une inscription :

- « J. Renner parti pour Nancy. »

Effectivement, le menuisier enfourchait sa drôle de mécanique et partait pour Nancy. Cinquante cinq kilomètres, il n'aurait pas fait cette performance à pied ! Il mit deux jours pour effectuer le voyage et il ne rentra que le lendemain fourbu ; mais très fier de son succès. Mélanie, la vraie, dut remettre d'urgence un fond au pantalon de son mari.

L'enragé constructeur n'en resta pas à ses deux dernières inventions ; il se mit en tête de construire un orgue... Hélas...

Avec flegme, le corps tassé sur un billot de bois, la tête dans ses mains, le bonhomme raconte sa mésaventure avec une lenteur mesurée. De temps à autre, le menuisier tire de longues bouffées de sa grosse pipe ventrue ; mais il est édenté et pour bien la tenir en bouche, il a garni le tuyau d'un caoutchouc de bouteille. Avec volupté, le vieillard rejette lentement la fumée âcre du tabac cultivé au jardin et poursuit, toujours aussi lentement.

- « Tu vois, tout était prêt, regarde tous ces tuyaux de cuivre de différentes longueurs... je les avais façonnés. La carcasse de l'instrument terminée, il me manquait le cuir pour construire le soufflet et je n'avais pas d'argent pour l'acheter ! Ni la commune, ni la cure, n'ont eu confiance en moi ! Alors, écoeuré, j'ai tout démonté. Tiens, Paul, prends quelques tuyaux pour ton frère, je les distribue aux enfants ! » Joseph d'un air désabusé crache au loin le jus de sa bouffarde.

•••

Paul, devenu un adolescent grand et sérieux, travaille chez son oncle cultivateur ; puis, le temps venu, il part à Bitche accomplir son service militaire. Comme son frère aîné, Paul aime la nature, les forêts, il sera garde, lui aussi.

Louis, le petit dernier, s'est assagi, au grand soulagement de la mère usée par les soucis et les travaux.

Troisième partie : LA RENCONTRE

En 1913, un ami de la famille rend visite à Eugénie et remarque :
- « Paul serait en âge de se marier », puis s'adressant au jeune homme :
- « Je connais une jeune fille très sérieuse qui pourrait te convenir. Il faut te ranger Paul ; tiens, voilà l'adresse ! »
- « Je n'y pense pas encore... On verra bien ! » rétorque l'intéressé qui rit insouciamment.
... Une semaine se passe...
Paul très occupé astique sa bicyclette. Louis, goguenard, les mains dans les poches observe son frère :
- « Comme tu nettoies bien ton vélo ; tu vas à la ville ? »
- « Non, je ne vais pas me promener ; mais ma bicyclette a besoin d'un coup de chiffon. »
- « Ah... Ah... », ricane le gamin d'un air entendu en tournant les talons.

En cachette de Louis, Paul fait des préparatifs mystérieux...

Il gommine soigneusement sa petite moustache blonde, met un léger bandeau pour qu'elle se retrousse aux deux coins. Le dimanche venu, le jeune homme, passe une jolie chemise, enfile une veste, prend son chapeau de paille ; complaisamment, il se mire dans une glace.

La mère, très fière de son fils, le contemple à la dérobée... Il est beau avec sa fine moustache conquérante retroussée d'un air coquin !

Avant d'enfourcher sa bicyclette, Paul prend soin d'enserrer le bas de son pantalon dans des pinces spéciales pour ne pas salir son vêtement. Louis, sur le pas de la porte l'observe, mi-triste, mi-moqueur, et soupire :

- « Je l'avais deviné, tu vas « voir blonde » ! C'est pour cela que tu te fais si beau ! Je n'ai plus qu'à rester seul « avec m'an et n'ot'crâ [1] », j'ai une idée, je vais voir Sigis au Gros-Pont. »

•••

Paul pédale allègrement sur les routes caillouteuses et se dirige vers Vahl ; mais à mesure qu'il avance, son optimisme tombe... Le cycliste pose pied à terre, marche un moment ; en arrivant en vue du village, une timidité inconnue lui noue la gorge.

- « Je ne connais pas ces gens, comment vais-je être reçu ? »

Le voyageur a des jambes en coton... il remonte sur sa bicyclette et continue son chemin : Vahl...

- « Oui, c'est bien là, de l'autre côté du ruisseau, en face de l'école », monologue le jeune homme qui, pour un rien, ferait demi-tour.

---

(1) - Maman et notre corbeau.

Hésitant, il s'arrête devant une porte, frappe...

Un pas léger glisse dans le corridor, une jeune fille ouvre la porte, prie le visiteur d'entrer : c'est Berthe toute rougissante...

Saisi d'une étrange confusion, Paul sait pourtant qu'il est attendu, les présentations sont inutiles ; il se contente de ne pas perdre contenance. On essaie de mettre le jeune homme à l'aise ; il grignote quelques biscuits, boit un verre de vin doux sans en apprécier le bouquet, tant il est ému : il n'a d'yeux que pour l'aînée des filles. On ne parle pas de mariage. Paul reviendra et il ne fera sa demande que s'il est agréé.

Sur le chemin du retour, le cycliste, le coeur en fête, se sent des ailes.

A Guermange, Louis et sa mère attendent impatiemment le retour du voyageur ; le seuil de la porte à peine franchi, il est pressé de questions. Paul est heureux, c'est évident !

Louis écoute de toutes ses oreilles et se moque :

- « Pas possible... il est bien emballé le frérot ! »

- « C'est dommage, mais je retournerai au Gros-Pont voir le père Sigis avec mes copains ! »

...

Sigis garde les oies, comme Joseph garde les cochons du bourg. Sigis a son troupeau d'oies...

Après avoir « tâté » les volatiles pour savoir s'ils « n'ont pas oeuf », les ménagères les confient au pâtre. Aussitôt qu'il fait assez beau, au son de sa trompette, Sigis, suivi de son chien, rassemble le bruyant troupeau. Ce sont des conciliabules sans fin, les cous se tendent, les becs claquent, sifflent. Les volailles secouent joyeusement leurs ailes, et avec de grands cris, entourent leur gardien, leur ami en somme.

Cahin-caha, les gros jars ouvrent la marche d'un air majestueux, les oies au ventre lourd, suivent en se dandinant d'une patte sur l'autre : plouf... plouf ; mais dès qu'elles approchent du ruisseau, elles pressent le pas, s'aident de leurs ailes puissantes et se précipitent dans l'onde. Dans des jaillissements d'eau, les oies plongent, s'ébrouent avec des caquètements de plaisir.

Sigis et son chien surveillent les ébats. Le bain terminé, le gardeur conduit son troupeau sur la prairie, ou sur les chaumes, si la moisson est rentrée. A larges coups de bec, les volailles ramassent l'herbe tendre, les grains égarés, se gavent ; parfois elle retournent au ruisseau, boivent une goulée, secouent leurs cous rebondis, pour faire descendre les dernières graines.

Les jars, irascibles et jaloux s'affrontent, tendent le cou, sifflent, menacent ; leurs petits yeux cernés de jaune se défient, les becs entrent en action. Des ailes se froissent et, dans un tourbillon, des plumes volent.

Sur un signe de son maître, le chien sépare les pugilistes.

Pour s'abriter des intempéries, Sigis s'est construit une cabane au bord du ruisseau ; il a même installé, quel luxe, un vieux fourneau pour cuisiner des pommes-de-terre au lard, ou la potée de choux ! Sur la table bancale, on trouve selon la saison, un verre où fleurissent des primevères, des cardamines, des bleuets, quelques marguerites ou des coquelicots.

La masure de planches et de terre est le lieu de prédilection des gamins du village. Ils aiment ce bonhomme, sans âge, qui fait partie du décor. L'humble philosophe s'est forgé un univers de rêves, il n'a pas d'ambition ; mais son coeur déborde de bonté et de délicatesse.

Sigis attendri, surveille d'un oeil protecteur les ébats des oisons encore duveteux ; il n'hésite pas à enlever ses vieux godillots, à entrer dans l'eau pour sauver un de ses protégés en détresse.

Les enfants ravis entourent le bonhomme, le prient

de leur raconter une « fiauve » [1]. De bonne grâce, le pâtre s'exécute et transporte en esprit son auditoire vers des horizons imaginaires. Lui, l'homme de la terre, lui seul, avec sa tendre naïveté, sait raconter l'éveil des saisons, la beauté de la campagne, les secrets des forêts mystérieuses, la colère du vent, la furie des orages...

On entendrait une mouche voler... Lorsque le conteur se tait, Louis et ses copains tombent de haut. « Nous allons nous séparer, il faut que je rentre le troupeau ; au revoir mes enfants ! »

- « Au revoir père Sigis ! On reviendra un jour de congé et vous nous raconterez « l'année de la grande sécheresse » ; et puis, comment fait le « Henri Crochet » pour tirer les enfants désobéissants dans le fond du puits, ou dans l'étang ! »

- « Entendu, mes enfants ! »

...

Le jeudi suivant, les jeunes curieux reviennent trouver leur vieil ami, toujours aussi disponible.

En attente, ils se serrent autour du conteur :

- « Cette année-là, ça devrait être en 1893, il faisait sec ;... mais si sec, que la terre crevassée semblait brûlée. Les jardins étaient désertiques, les pommes-de-terre flétrissaient avant de fleurir. Dans les champs, les blés jaunissaient avant de monter en épis. La prairie asséchée ne produisait que de maigres touffes de joncs, de chardons et de liserons, impropres à la nourriture des chevaux et des vaches ; les cultivatrices se hâtaient d'aller cueillir ces mauvaises herbes pour soigner les lapins.

Dans les étables, les vaches meuglaient lamentablement ; tandis que les chevaux piaffaient et henissaient devant les crèches vides. Plusieurs bêtes périrent faute d'une nourriture suffisante. Les agriculteurs

---

(1) - histoire.

furent contraints de vendre une partie de leur cheptel à des prix dérisoires.

Malgré toutes les suppliques adressées au ciel, la pluie refusait de tomber... Parfois, un maigre nuage montait à l'horizon. On se mettait à espérer... La pluie ne venait pas, le soleil implacable continuait de brûler ce qui restait encore vert.

Dans les maisons les plus pauvres, on faisait souvent la potée avec des orties ou de maigres pissenlits.

Un cultivateur, à bout de ressources, se décida enfin à solliciter auprès de l'administration des Domaines de Lindre, la permission de conduire les animaux en forêt et de couper certains branchages pour assouvir les bêtes affamées ! A cette époque, j'étais encore jeune et leste, et pourtant c'était une rude corvée pour faire rentrer les animaux qui se faufilaient entre les arbres et les buissons. Ah ! mes amis !...

Cette situation dura jusqu'à l'automne. Survint alors un orage bienfaisant, suivi d'une période de pluie ; les prairies reverdirent. On laissa les bêtes pâturer à l'abandon sur les terrages stériles, jusqu'à ce que les grands froids obligent les cultivateurs à rentrer leur bétail. »

- « Encore, père Sigis ! » réclament les auditeurs.

Devant les yeux brillants, les visages animés, Sigis ne se fait pas prier :

- « C'est aussi à cette époque qu'un commis agricole faillit être dévoré par une énorme truie. Cette méchante bête ne supportait la vue de personne ; la patronne, seule, avait le privilège de pénétrer dans son réduit. Cependant, un jour, mon copain, qui « buvait comme un trou » et se trouvait déjà pris par les vapeurs de l'alcool, se trompa de porte et bascula la tête en avant dans la soue de la laie.

Lorsque notre maîtresse arriva pour soigner les cochons, elle vit deux bottes dépasser sous la porte. Avec un cri de terreur, elle courut chercher de l'aide, croyant trouver un corps mutilé, à moitié mangé. Les gens de la ferme arrivés aussitôt, poussèrent la porte avec précaution...« Ho ! Ho ! » Un grand éclat de rire secoua les spectateurs : le commis étalé dans la litière ronflait si fort... si fort...»

- « Et la truie ?» questionnent les gamins.

- « La truie ? Elle était blottie dans le coin de plus reculé du réduit et n'osait plus bouger ! »

Le jeune auditoire rit de bon coeur : « Encore une, père Sigis ! »

- « Mais, vous ne me laissez plus le temps de respirer. Cette fois ce sera la dernière ! »

- « Alors, le Henri Crochet, le Henri Crochet... » Scandent les gamins.

- « Vous savez bien que les parents défendent toujours aux enfants de jouer sur la margelle du puits ; c'est très dangereux ! Puis la salamandre peut se transformer en fée et vous emmener dans son royaume d'où vous ne reviendrez jamais ! »

« Le Henri Crochet », hante les ruisseaux, les étangs ; il se tient à proximité des lavoirs où les femmes vont rincer leur lessive.

Ce bonhomme habite les profondeurs ; il a une longue barbe et des cheveux verts comme les algues ; la partie inférieure de son corps se termine par une queue de poisson. On ne le voit pas ; mais lui guette et, dès qu'un enfant imprudent s'approche des berges ou se penche sur le lavoir, le Henri Crochet, de son outil recourbé (comme un grand crochet à foin), l'attire au fond de l'eau et le mange. »

- « Oh ! Oh ! » s'exclament les petits angoissés.

- « Ce sont des fiauves pour faire écouter les enfants », ricane Louis, un des plus grands de la bande.

- « Ne t'y fie pas mon garçon ! De plus malins

que toi se sont fait prendre ! » fait sentencieusement Sigis, en levant sa dextre sagace.

•••

Chaque dimanche, Paul prend la route de Vahl. Berthe et Paul s'aiment. Les parents sont d'accord pour un mariage éventuel.

- « Il est beau ton Paul, Petite-mère, il te mange des yeux, mais achète-lui d'autres chaussures ! » répète Gabrielle en riant.

- « Tais-toi, vilaine moqueuse ! »

- « Encore une enfant qui nous quittera bientôt, » dit Clémence attristée.

- « C'est la vie, réplique Théophile. Chacun son tour. »

- La cérémonie du mariage sera célébrée le 24 juin 1914.

•••

Le jour des noces, le soleil illumine un ciel serein.

La maison du charpentier bourdonne comme une ruche... Les cuisinières au travail, composent des menus pantagruéliques. Les invités arrivent en calèches tirées par des chevaux pomponnés et enrubannés ; des messieurs en haut de forme en descendent, tendent la main à de belle dames aux robes froufroutantes.

•••

Dans sa chambre, Berthe se prépare fébrilement ; sa famille l'aide à serrer les lacets d'un long corset qui lui fera une taille de guêpe, puis elle passera plusieurs jupons, revêtira sa robe nuptiale et couvrira ses cheveux du voile diaphane retenu par des bouquets de fleurs d'oranger.

La porte de la chambre est soigneusement fermée : personne, selon la coutume, ne doit voir la toilette de la mariée avant qu'elle ne parte pour l'église ; ce serait un mauvais présage.

Paul, tout fringant, porte une chemise blanche à col de celluloïd, son costume noir à queue de pie lui va à ravir ; son gibus soyeux raplati sur son bras, il attend stoïquement sa fiancée ; sa petite moustache blonde, plus conquérante que jamais, tremblote un peu, signe de son impatience.

Gabrielle, Maria et Clémence, les demoiselles d'honneur dans leurs vêtements d'apparat et toutes gantées de blanc, pousseraient bien les aiguilles de la vieille horloge impassible, si lente dans son mouvement régulier.

Enfin, la mariée apparaît éblouissante de fraîcheur... Des exclamations fusent, les compliments font rosir le joli visage. Paul tout ému, s'approche et sa fiancée lui glisse à la boutonnière le traditionnel bouquet d'oranger.

•••

Après le mariage civil, dans l'église illuminée, Paul et Berthe viennent d'échanger leurs serments... Le jeune couple est prié de passer à la sacristie pour signer les registres de la paroisse. Devant l'assemblée, le curé, pourtant si sévère, dit au jeune marié :

- « Monsieur, vous m'enlevez une de mes meilleures paroissiennes. »

Berthe, sous ses voiles blancs, passe du rose au cramoisi.

•••

Après cette journée de liesse, on aide le jeune couple à emménager dans la maison forestière de la Breite. Louis et Gabrielle se partagent le travail et, de toutes leurs jeunes énergies, se dépensent sans compter.

La campagne est baignée de lumière.

Perchée sur la colline, sertie dans un écrin de verdure, la maison forestière, fait face au château d'Alteville. Berthe s'extasie, le soleil l'éblouit, la brise lui caresse le visage ; des senteurs de prairies en fleurs, de sous-bois, lui parviennent en légères volutes odorantes.

- « Mais c'est le paradis ! Je suis libre... je vis... merci mon Dieu, pour tant de beauté ! »

Tout à son bonheur, Berthe n'a pas remarqué le chemin poussiéreux en été ; mais qui, à chaque hiver, se transforme en infâme bourbier où on s'enlise.

Cerné par les frondaisons luxuriantes de la forêt, le logis ressemble à une volière où les oiseaux lancent leurs trilles, leurs hymnes à la joie de vivre.

●●●

Chaque jour, le jeune couple poursuit ses découvertes, flâne parmi les sentiers fleuris, se pourchasse autour d'un buisson pour mieux s'embrasser ; puis lassé, tombe sur la mousse épaisse du sous-bois. Les amoureux oublient le temps, picorent des fraises sauvages, cueillent des framboises rosées et juteuses ; puis, main dans la main, ils rentrent à la maison, comme les oiseaux regagnent leurs nids.

La tombée du jour les surprend parfois... Le soleil sombre derrière un rideau de chênes séculaires. La forêt s'obscurcit, devient plus silencieuse, tandis que des bruits insolites se décuplent. La terre exhale une haleine tiède et suave d'herbes, d'amadou, de champignons. Des papillons ventrus bruissent dans les feuillages. Légères et mystérieuses, des sauvagines glissent sous les buissons ; des brindilles crissent, s'écartent, puis se referment sur un silence opaque. Par intermittence, des yeux brillent dans la pénombre. Sur le bord du sentier, les vers luisants jettent leurs feux glacés.

Berthe se serre contre son mari, une douce crainte met son coeur en émoi ; une espérance s'y mêle, qu'elle savoure, celle, d'être bien protégée près de celui qu'elle aime. Les premières étoiles se reflètent dans les yeux des époux lorsqu'ils rentrent au logis.

•••

Après le repas du soir, les jeunes mariés s'assoient sur le seuil de la porte. Berthe, appuyée sur l'épaule de son mari, contemple les tourelles du château d'Alteville baignées de clair de lune.

Paul raconte la légende de « l'Ile de la Folie »

- « Tarquimpol est bâti sur une ancienne citadelle romaine (Décempagi), et ce petit village s'élève sur une presqu'île de l'étang de Lindre. On découvre encore, perdu au milieu des eaux dormantes, un îlot maintenant envahi par les laiches et les roseaux : l'Ile de la Folie.

Dans les temps anciens, on reléguait à cet endroit tous les fous de la région et ils n'en sortaient jamais ! Cette île était gouvernée par des moines compatissants.

Vint un temps où la surface de l'île s'avéra trop exiguë pour loger tous ces malheureux. Malgré les suppliques des moines, personne n'intervint.

Une nuit, un orage éclatait, suivi d'un ouragan. Les vagues de l'étang s'enflèrent, s'entrechoquèrent avec une fureur inhabituelle. Malédiction ? Punition ?...

Au matin, l'Ile de la Folie avait disparu... Engloutie !... Des pauvres moines et des fous, on ne retrouva plus un seul corps...

L'hiver suivant, un bûcheron de Tarquimpol

regagnait son logis à la nuit tombante. L'homme longeait le bord de l'étang. Le silence était complet ; seules quelques brindilles craquaient sous ses pas. Soudain, une étrange mélopée s'éleva de l'Ile de la Folie, s'approcha, le dépassa... Sur des écharpes de brumes montant de l'étang, le bûcheron médusé, aperçut une procession de moines en robe de bure suivis par les fous. Tous semblaient marcher dans l'espace en psalmodiant les « Litanies des Saints ». Dans un halo lumineux, la singulière apparition s'abîmait dans les flots de l'étang de Lindre.

Le villageois septique, se frottait les yeux se croyant l'objet d'une hallucination ; rentré à la maison, il se jurait bien d'en avoir le coeur net, dès le lendemain soir.

Mais, le lendemain, à la même heure, la terrifiante vision apparut : le cantique s'éleva, s'avança, s'emplifia et enveloppa le bûcheron téméraire ; on ne retrouva jamais ! Avait-il suivi la cohorte des trépassés ?

Et Paul conclut :

« Depuis, lorsque la pêche commence à Lindre, quand mon frère donne l'ordre de jeter les filets, il craint toujours de retirer le corps momifié du bûcheron de Tarquimpol ou celui d'un habitant de l'Ile de la Folie. »

- Tarquimpol est au coeur d'un paysage tout imprégné de légendes. Elles s'attachent aux êtres les plus purs, quitte à les rendre inquiétants.

Stanislas de Guaïta, né en 1861 au château d'Alteville, fit ses études avec Maurice Barrès qui devint son ami. On les vit souvent se promener aux alentours de Tarquimpol.

Stanislas s'adonna très vite à l'occultisme. Les proches des chatelains murmuraient que chaque soir dans la salle à manger, une jeune fille vêtue de blanc le rejoignait. Cette personne apparaissait livide, translucide. On dit que c'était le fantôme d'une jeune fille morte de chagrin pour le beau Stanislas qui l'aurait dédaignée ! On avança même l'hypothèse que le fantôme, fou de jalousie, aurait poignardé son amant infidèle.

Après des recherches, on découvrit que Stanislas de Guaïta qui s'était lancé en chimie dans des expériences dangereuses, s'était soigné en usant de drogue et de stupéfiants, et c'est plutôt de cela qu'il mourut à 36 ans. Son corps repose dans la tombe ancestrale du cimetière de Tarquimpol. Il laissait de gros livres pleins de secrets en la Connaissance [1].

Le mystère plane au-dessus des tourelles d'Alteville, dans le grand parc et ses sentes ombragées. Les jeunes fille refusent encore de pénétrer seules dans les sous-bois environnants, même pour y chercher du muguet !

Il faut avouer que notre région avec l'eau dormante de ses étangs, ses forêts profondes, ses brumes tenaces ne peut qu'aiguillonner les imaginations. »

Paul reprend après un silence :
« Ma mère n'aimait pas travailler seule au Kerhéry, ces parcelles de terrages enfoncées entre les forêts de Guermange.

Encore une croyance bien ancrée. De bouche à oreille, on répète que le Kerhéry était le lieu de ralliement de la « Haute-Chasse » ; les jours de pleine-lune, de partout, les sorcières, chevauchant leurs balais s'y rassemblaient pour fêter le sabbat. Durant toute la nuit, elles dansaient et, avant le lever du jour, elles rentraient chez elles.

Encore aujourd'hui, la prairie reste émaillée de ronds où pousse une herbe maigre, presque sèche : « les ronds de sorcières », où prolifèrent les champignons.

---

(1) - renseignements pris auprès d'un familier : Stanislas avait rapporté des Indes une substance qui avait les mêmes propriétés que la morphine.

Beaucoup de champs, de prairies, portent des noms significatifs : en allant vers Zommange, le coteau s'appelle « La Justice ». C'est à cet endroit qu'on jugeait, torturait et pendait les malfaiteurs. »

- « Oui Paul, mais au bas de cette côte, en bordure de forêt on trouve <u>« la mare de l'Esprit »</u>. J'avoue que je paniquerais s'il fallait passer la nuit aux abords de ce marigot ! »

- « Une bonne partie de cette histoire est authentique ! A la fin de la guerre pour la conquête de l'Algérie, sous le règne de Louis Philippe, duc d'Orléans, un ancien officier, Germain Pierron, chevalier de l'Ordre Royal de la Légion d'Honneur, voulut revoir ses compagnons d'armes. Il partit les rejoindre ; mais à soixante-six ans, on n'a plus la même ardeur pour vivre en garnison.

Un beau jour d'été, le 10 juin 1841, Germain Pierron, pris de nostalgie, voulut à tout prix revoir sa famille de Guermange ; il s'enfuit, le soir au clair de lune, chevauchant à travers champs et forêts.

Malheureusement, aux abords de l'étang de Lindre, une brume opaque enveloppa bientôt le soldat et son cheval... Plus de chemin, plus de sentier, ils n'y voyaient plus rien ! Germain connaissait les parages et se fia à son instinct ; bientôt ils seraient au village. Il éperonna sa monture.

Ils filaient droit devant eux quand, soudain, le cheval perdit pied et s'enfonça dans le marécage. Plus l'animal se débattait, plus la fange aspirait monture et cavalier et les engloutissaient.

Depuis cette date, quand la lune se voile, que le brouillard se déploie au-dessus de la mare, un souffle glisse sur les herbes ; des feuilles se froissent, des branchages craquent, écrasés par les pas d'un cheval invisible. C'est l'âme de Germain qui chevauche son destrier et revient hanter les lieux où ils trouvèrent la mort.

La tombe de Germain Pierron existe toujours au cimetière communal de Guermange.

- Mais tu ne vas pas rêver de cela au moins ? Il est temps de nous coucher. »

•••

Riches de leur jeunesse et de leur amour, les mariés font des projets... Hélas, ils ne lisent pas les journaux ; ils ne savent pas que depuis le 28 juin, l'attentat de Sarajevo soulève de graves problèmes politiques. Quand enfin ils apprennent la nouvelle, ils ne s'en soucient pas outre mesure.

... La Serbie... l'Autriche ? C'est bien loin... Ce ne sont que des noms sur une carte !

La politique ? C'est bon pour les savants !

Paul et Berthe ne songent qu'à être heureux !

Son ménage terminé, la jeune femme suit son mari en forêt ou l'accompagne dans le bateau. Ils parcourent l'étang de Lindre ou se rendent à Guermange. Boris, le gros chien, garde sagement la maison : rien qu'à voir la taille imposante du molosse, personne n'osera entrer.

La vie est belle...

Quatrième partie : LA SEPARATION

2 août 1914 : la guerre mondiale est déclarée...
La terrible nouvelle tombe comme la foudre !
A peine marié depuis six semaines, Paul doit rejoindre son régiment à Bitche. Berthe se désespère. Son mari absent, que va-t-elle devenir ?

- « Je n'oserai jamais rester seule à la maison forestière, trop éloignée du village. En bas du parc, habitent les grands fermiers de la Breite ; mais ils ont leurs occupations et leur part de soucis. Je pense retourner à Vahl, chez mes parents. »

- « Venez plutôt chez-nous à Guermange, ce sera plus près de la maison forestière », propose Eugénie, la belle-mère.

- Oui ; mais il faudrait mettre à l'abri quelques objets, sauver ce que je peux de notre ménage. »

- « Je viendrai vous aider, nous nous servirons du bateau, ça ira plus vite ! », assure Louis avec gentillesse.

...

Berthe et son beau-frère, utilisent plusieurs fois l'embarcation pour rapporter ce qui semble le plus précieux. Puis ils ferment les armoires à clé, accrochent les volets, verrouillent les portes, détachent Boris :

- « Viens mon bon chien, un jour nous reviendrons ! »

Avant de s'enfoncer dans le sentier de la forêt, la jeune femme se retourne, navrée et contemple la maison, le nid qu'il faut abandonner.

- « Nos rêves s'effondrent déjà. Paul n'est plus là, je suis seule... si seule. » D'une main lassée, elle caresse le chien. Instinctivement, Boris comprend son désarroi, lui répond par d'affectueux coups de langues et plante son regard fidèle dans ses yeux.

Louis, très ému, respecte le chagrin de sa belle-soeur et reste silencieux. Perdus dans leurs pensées les fugitifs avancent sous la futée. Des branches craquent. Un pivert effrayé arrête son martèlement inlassable puis, rassuré, reprend son travail. Les oiseaux insouciants continuent leur chasse aérienne et chantent, chantent... Ils ne savent pas, eux !

Arrivés à la Cornée, Berthe et Louis s'installent dans la barque. Le chien se couche entre deux colis, lèche son pelage humide, s'étire et baille nonchalamment.

Louis pousse l'embarcation hors des roseaux à l'aide d'une gaffe, puis manie les avirons. Le regard perdu, Berthe songe à son bonheur fuyant comme les vaguelettes qui courent les unes après les autres et se diluent au loin, à la surface de l'étang. Un vol bruyant de canard s'élève, semant des cascades de perles irisées par le soleil. La jeune femme sourit lorsque Boris énervé, d'un coup de croc et de sa grosse patte velue, chasse une légère libellule qui s'obstine à se poser sur sa truffe.

Le bateau remonte un instant le cours de la Seille et s'immobilise à « la Perche » (la passerelle). Louis attache la barque à son pieu et ils se réfugient chez Eugénie.

Berthe s'installe provisoirement, mais craint d'être une charge.

Tous trois, sans ménager leurs peines, cultivent les champs et le jardin.

•••

20 août... Les Allemands occupent Bruxelles. Les Français commandés par Dubail et Castelnau, débordent l'ancienne frontière, passent le canal vers Lagarde et Avricourt, déferlent sur Sarrebourg et Morhange.

Surpris, les Allemands se ressaisissent ; une bataille terrible et sanglante a lieu à Bidestroff et à L'Espérance. Dans un corps à corps meurtrier, les Allemands repoussent l'attaque, soldée par la perte de bien des vies humaines.

Certains soldats français n'ont pas le temps de reculer et se cachent dans la forêt du Roemersberg, pendant que les autorités allemandes sillonnent déjà la route de Zommange à Guermange. C'est à ce moment, qu'un officier allemand a le doigt sectionné par une balle perdue. Fou de douleur et de rage, le militaire fait arrêter le convoi et ordonne d'incendier la maison forestière toute proche : il n'en restera plus que des pans de murs calcinés. Pas un seul soldat français ne se cachait à cet endroit !...

Sa colère non assouvie, l'officier continue sa route vers Guermange, arrive à la Tuilerie où se dresse la première maison du village, fait stopper à nouveau sa voiture, s'adresse aux habitants et leur commande de sortir de leur logis. Les militaires lâchent une vache et son veau et, sans plus de pitié, mettent le feu aux quatre coins de la demeure qui, remplie de foin et de paille, flambe comme une torche. Hébétée, la famille sinistrée regarde ses biens partir en fumée, ils ne possèdent plus de literie, plus de vêtements. Eperdus de terreur, les enfants se serrent contre leurs parents.

Sa main blessée en écharpe, l'officier allemand

foudroie les pauvres gens d'un regard venimeux :
- « Hier... Franzosen ! » (ici, les Français !)
- « Non... » font de la tête les malheureux sinistrés.

Impossible, l'officier hausse les épaules et sur un ordre bref, sa voiture reprend la route.

Par vagues successives, les soldats déferlent vers Guermange, occupent le village. Les militaires irascibles forcent les portes du château, réquisitionnent de la paille pour étendre les blessés. Sous les bâches des lourds chariots des gémissements s'amplifient...

Des balles sifflent encore... La soldatesque furieuse prétend que les habitants du bourg cachent des Français. Chaque maison est fouillée minutieusement, des caves au greniers, des chambres à la grange.

Sous la menace de deux soldats armés de baïonnettes, Berthe tremblante, doit monter au fenil... Les deux hommes plantent le tranchant de leurs armes dans le tas de foin, piquent dans la paille, donnent des coups de pied dans les gerbes. Personne ! La jeune femme, libérée, rentre à la cuisine et défaillante, avale un verre d'eau fraîche pour se remettre de sa frayeur.

La rage au coeur, les militaires continuent leurs recherches. Heureusement pour les villageois, elles restent négatives.

•••

- « Et dire que les Français étaient encore hier à Guermange ! » Un peu vexée, Berthe se remémore l'incident qui marqua cette journée...

Depuis la fenêtre de la cuisine, elle regardait avec sa belle-mère les soldats français sortir du « Bois de la Cure », déferler dans la prairie, passer « La Perche » pour entrer au village.

- « Ils doivent avoir soif, les pauvres petits gars ! Si vous alliez au puits avec un verre et cette bouteille de goutte, vous leurs offririez un peu d'eau fraîche avec un filet d'eau-de-vie ? »

- « Oui, si vous voulez, mère ! »

Elle s'avance vers le puits, actionne la poulie et remonte un seau d'eau. Avec un sourire, elle offre un verre d'eau coupé d'eau-de-vie à ceux qui s'arrêtent. Le premier homme boit goulûment ; puis, remercie en la regardant d'un air bizarre. D'autres passent et se concertent.

- « Pensent-ils que le puits est empoisonné ? »

Soudain, en vidant son verre, un militaire curieux demande :

- « Mais qu'est-ce que vous versez dans le verre ? »

- « De l'eau-de-vie ! »

- « De l'eau-de-vie ? Elle doit être bien vieille ? » rétorque l'interlocuteur.

Berthe rougit intensément, hume la bouteille :

- « Vraiment, ça ne sent rien ! Je suis obligée de l'avouer ; ma belle-mère m'a donné la bouteille d'eau bénite à la place de la bouteille de goutte ! »

Un éclat de rire ponctue cette découverte. Confuse, elle jure bien qu'on ne l'y prendra plus !

•••

Des bruits sinistres courent de bouche à oreille : le Kaiser aurait ordonné la marche vers Paris et cette marche serait victorieuse !

Des avions sillonnent le ciel ; les Lorrains n'en avaient pas encore vus beaucoup. Comme des animaux préhistoriques et menaçants, les énormes Zeppelins fendent les nues de leurs gros ventres rebondis.

- « Inventions diaboliques,... Venues tout droit des enfers », gémissent les paysans restés sur leurs terres. Les grosses machines volantes donnent le frisson.

•••

Paul cantonne à Bitche ; Berthe réussit à lui rendre visite avant qu'il ne soit embarqué pour le front russe. Quelle joie de se retrouver pour quelques heures !... Ils se jettent dans les bras l'un de l'autre, se refusant à penser au lendemain !

Demain, le facteur familier ne passera t-il pas en détournant les yeux pour ne pas rencontrer le regard d'une femme anxieuse, attendant une missive venue du front, vieille parfois d'une semaine et qui, peut-être, sera la dernière ?

Et cet homme, dans la boue des tranchées, sous le déluge de fer et de feu qui espère vainement la venue du vaguemestre ?... Y aura-t-il une lettre pour lui ? Un mot d'amour ?

•••

Suivie de Boris, Berthe fait souvent la liaison entre Guermange et Vahl. Elle se hâte sur les chemins pour embrasser les parents vieillis par les soucis et prendre des nouvelles des siens. Sa soeur Marie, de santé fragile, après avoir obtenu ses diplômes, est restée en Belgique pour soigner les miséreux et les malades réfugiés dans les locaux de l'Institution. Occupée par l'envahisseur, la Belgique ne peut faire face à la pénurie de vivres et de vêtements. Pecq se transforme en centre de secours où Marie dépense ses dernières forces.

Berthe craint aussi pour la sécurité de ses parents ; ils ne parlent pas l'allemand, et son père répond invariablement : - « Ya, ya, » quand un Allemand le questionne.

- « Papa, tu te feras enfermer, ne réponds pas si tu ne comprends pas ! »

...

Un jour, des militaires réquisitionnèrent des pommes de terre.

- « Elles ne sont pas grosses et nous n'en avons pas beaucoup . »

- « Allons, montrez-nous la cave. »

- « Ya, ya », dit l'incorrigible Théophile en précédant les soldats vers la réserve.

Effectivement, les tubercules n'étaient pas beaux. Clémence méfiante, avait recouvert les pommes-de-terre réservées à la consommation familiale, par celles destinées à l'alimentation des porcs.

- « Et ça ? Ce sont des pierres ? », grogne un soldat en plantant son sabre dans le tas de tubercules.

Personne n'osa protester, et une bonne partie des précieux légumes fut enlevée.

...

Chez le menuisier, des chambres étaient vacantes. Il fut obligé d'héberger des officiers. Un jour, l'un deux, s'adressa très poliment à Clémence qui ne comprenait pas. D'un geste large, l'Allemand fit un rond. La ménagère apporta une bassine, une cocotte...

- « Nein ! » reprit l'interlocuteur, en dessinant du doigt le même mouvement circulaire avec un peu plus de force...

Clémence montra un chaudron rebondi.

- « Nein, nein », redit l'officier en tenant son ventre...

Théophile arriva à la rescousse... « Que veut-il ? »

Incompris, le militaire pâlit, enleva son ceinturon, et d'une mimique significative fit semblant de défaire son pantalon...

- « Ya, ya ! J'ai compris », dit le menuisier conduisant le soldat vers les toilettes.

...

Obligée de se partager entre les deux familles, Berthe reprend la route pour Guermange ; toujours accompagnée de son chien, elle décide de couper par un raccourci à travers champs.

Elle se hâte, arrive en vue de Bidestroff ; Boris la suit, le museau sur ses talons. Cependant, en bordure d'une haie épineuse, le chien grogne, montre les dents, manifeste une certaine nervosité.

- « Ici Boris, reste près de moi ».

Contrairement à son habitude, le molosse n'obeit pas, flaire une trace derrière les buissons.

Alarmée Berthe s'approche. Le chien excité gratte le sol, un lambeau de tissu bleu-horizon apparaît, puis un corps à demi-enseveli : - « Couché, couché, mon chien ...»

Elle comprend. Affolée, elle cherche du regard un secours... Personne... Mais seulement, dispersées aux alentours et le long du chemin, des petites croix de bois plantées à la hâte.

- « Mon Dieu, il a été oublié. »

La sueur au front, et aussi vite que ses jambes tremblantes le lui permettent, Berthe court avertir à Bidestroff.

Fauchés par la mort, les soldats avaient été enterrés sommairement comme ils étaient tombés [1].

---

(1) - c'est à cet endroit, qu'une trentaine d'années plus tard, fut élevé le Mémorial actuel en souvenir du sacrifice de tous ces jeunes Français tombés au champs de l'honneur. Les grandes nécropoles de Morhange, de l'Espérance, de Sarrebourg, et une plus petite entre Bisping et Guermange, témoignent de quel prix se solde une guerre.

Suivie de Boris, Berthe court... court, trébuche, se relève et court encore... Elle arrive exténuée chez sa belle-mère, raconte sa macabre découverte ; Eugénie la réconforte de son mieux.

•••

- « J'ai vu trois pies sur le poirier près de la croix au fond du jardin, elles jacassaient ! Que va-t-il encore nous arriver ? » s'inquiète Eugénie.

- « Mais rien, m'an ! Tu exagères, tu vois partout des mauvais présages ! »

- Que le Bon Dieu t'entende, mon fils ! La mère s'éloigne en se signant.

- « Si nous allions voir ce qui se passe à la Breite ? », propose Louis à sa belle-soeur : - « Le bateau est amarré à la Perche »

- « D'accord, je viens ! » Berthe jette une cape sur ses épaules et le suit.

Sans encombres, ils traversent l'étang paisible, attachent l'embarcation à son pieu. Par la tranchée de la forêt, ils arrivent en vue de la maison forestière. Un volet bat sur le derrière de l'habitation ; Berthe oppressée affirme :

- « Je suis sûre de l'avoir fermé »

Avec précaution, ils entrent dans la maison... Inutile de se servir de clés, les portes sont forcées ! Un désordre indescriptible les accueille. On a cassé du bois sur le carreau de la cuisine, du linge souillé traîne dans la chambre principale. Les armoires si soigneusement cirées sont éventrées et vidées de leur contenu. Tous les meubles sont fouillés. La jeune femme pleure et ramasse des vêtements abîmés. Où sont les jours heureux vécus avec Paul ?

- « Chut, écoutez... » intime soudain Louis, un doigt sur la bouche.

Cloués au sol, ils retiennent leur respiration...

Des frôlements se précisent dans la chambre du fond. On perçoit les bruits d'un saut, puis d'une chute, et plus distinctement une course effrénée ; un halètement qui décroît vers la forêt.

Louis et Berthe figés, se regardent.

Tout doucement, ils soulèvent la clenche, la porte s'ouvre et grince.

La fenêtre est ouverte... Ils ont juste le temps de voir une ombre fugitive disparaître derrière les buissons.

Sur le coin d'une table, les reliefs d'un repas, une tasse et un verre crasseux. Sur un sommier, des lambeaux de couvertures militaires et quelques vêtements masculins souillés.

Louis, pas très rassuré, cache mal sa terreur,

- « N'ayez pas peur, Berthe... je sais qui c'est ! Ce doit être le Clauss ! Depuis quelques temps, on parle au village d'un déserteur ; celui-ci se cache aux abords de l'étang, dans les fourrés de Guitchwihr. Le réfractaire s'est construit une cachette dans les laîches ; personne ne connaît l'endroit exact de son repère.

Les gens lui portent parfois des victuailles, du pain et déposent leurs dons aux abords d'Armechouss...

Le Clauss, rusé comme un renard, n'a jamais fait de mal aux habitants. Il possède un fusil et ne s'en sert que pour assurer sa survie. »

La jeune femme, les yeux dans le vague, écoute les explications de Louis ; sa pensée est loin.

- « Venez Berthe, rentrons ! Je serai moins inquiet quand je verrai Guermange... Et, si on nous avait pris notre embarcation ? Vite, partons !... »

Ils courent le long de la sente ; des branches craquent sous leurs pas pressés. Ils sursautent au moindre bruit des feuillages. Haletants, ils ont l'impression qu'on les suit et les observe. Les fuyards se retournent à chaque instant, mais ils ne distinguent rien d'insolite dans l'ombre mouvante du sous-bois. A bout de souffle, ils traversent les champs abandonnés de la Cornée... L'embarcation est encore attachée à son pieu...

Louis détache l'esquif, tend la main à sa passagère, l'installe et, sans perdre un instant, pousse de la gaffe et manie les avirons :

- « Ouf, fait-il soulagé, on ne m'y reprendra plus. Une autre fois nous passerons par la route d'Assenoncourt. »

De retour à la maison, ils racontent leur mésaventure.

Eugénie, entre-temps, avait reçu de bonnes nouvelles et s'empresse de les communiquer : les absents, Raymond et Paul, ont écrit ;

La mère, ragaillardie, déclare :

- « Je vais porter ces fleurs sur la tombe de mon mari et je mettrai deux cierges à l'église pour remercier la Vierge Marie des bonnes nouvelles que nous avons reçues. »

- « Mais depuis le temps que ces lettres ont été confiées à la poste, que de jours passés », songe Berthe attristée.

•••

De Vahl, des nouvelles inquiétantes parviennent à la jeune femme : son père est très gravement malade ; sa mère, de santé fragile, se désespère... Gabrielle n'a que quinze ans.

Berthe décide de partir auprès des siens ; mais elle ne passera plus par Bidestroff. Le souvenir des croix de bois plantées le long du chemin la hante encore et la pensée du soldat oublié lui tire des larmes.

La route sera plus longue, tant pis ! Suivie de son chien, elle prend la route de l'Espérance par Domnom et Marimont.

La voyageuse exténuée arrive enfin à Vahl. En

sanglotant, elle tombe dans les bras de sa mère toute vieillie. Gabrielle saute au cou de sa soeur et soupire :

- « Il faudrait bien que tu restes auprès de nous, Petite-Mère ! »

Berthe se précipite vers le lit de son père, serre le malade sur son coeur. Prostré, presque méconnaissable, le menuisier murmure dans un souffle :

- « Ma fille chérie, mon bâton de vieillesse, te voilà enfin ! »

- « Oui papa, je resterai auprès de toi, courage, nous allons appeler le docteur ! »

Le malade apaisé somnole. Berthe questionne encore :

- « Et Marie, que devient-elle en Belgique ? »

- « Elle est encore très faible, elle tousse... Elle aurait besoin de repos et d'une nourriture fortifiante, elle se refuse à tout régime de faveur. Quand votre père ira mieux, nous la ferons rentrer chez-nous pour la soigner », reprend la mère.

•••

La calèche du médecin arrive enfin... Il ausculte soigneusement le malade, hoche la tête, mécontent. En se lavant méticuleusement les mains, il déclare :

- « C'est toujours la même chose, on attend avant de consulter ! Votre père est gravement atteint. Je vais faire l'impossible, mais je ne réponds pas de lui ! Son antrax a été mal soigné, le sang est empoisonné... La médecine reste impuissante devant cette maladie ! Pourquoi m'appelez-vous si tard ? «

- « Nous pensions à un abcès ; mais en voyant la pâleur et l'abattement de mon mari, nous avons pris peur ! » dit Clémence éplorée qui poursuit d'une traite :

- « Théophile ensevelissait un mort, le mettait en bière, lorsque, sans y penser, il s'est gratté le cou. Une petite rougeur s'est formée suivie d'une grosseur entourée de furoncles. Pour faire « percer » le mal, nous avons appliqué des oignons blancs cuits sous la cendre. »

Le docteur s'éloigne en maugréant, monte dans sa calèche :

- « Je reviendrai demain ! » Il fouette son cheval.

Berthe, atterrée, se transforma en infirmière... ne quitta plus son père.

Le médecin revint encore ; il hocha la tête d'un air désolé. Après plusieurs jours de grandes souffrances, Théophile s'endormit pour l'éternité.

•••

Les trois femmes, consternées, restent sans courage. Clémence, avec volonté, réagit, prévient la famille, les proches. Emile et Lucien reviennent pour organiser les funérailles.

A la campagne, on prévient même les animaux domestiques : les chevaux et les vaches. Clémence, selon la coutume, se dirige vers l'étable : « lo mât'a mô, lo mât'a mô » [1]. Berthe met un ruban de crêpe au laurier-sauce [2].

La cérémonie funèbre terminée, les fils repartent, la parenté se disperse ; les trois femmes se retrouvent seules avec leur chagrin.

Le soir venu, elles n'osent plus passer devant l'atelier, elles imaginent entendre des bruits familiers, comme si le disparu revenait oeuvrer sur son établi ou affûter une scie.

Berthe souffre beaucoup. Ah, comme elle aimait ce père si bon ! Elle dissimule son chagrin devant sa mère et Gabrielle, et ne parle pas trop de Paul qui est

---

(1) - le maître est mort
(2) - coutume : sinon, le laurier sauce périssait.

en Russie, loin d'elle, dans la neige et le froid. Tous ces chagrins accumulés pèsent lourd sur ses jeunes épaules.

Marie, la religieuse, victime des privations imposées par l'Occupation, est rapatriée à Vahl. Trop anémiée pour qu'on puisse encore espérer sa guérison, elle est condamnée par la faculté.

De temps à autre, Berthe se précipite à Guermange, mais revient vite auprès de sa mère, pour soigner Marie.

La jeune religieuse ne se plaint jamais... Un sourire éclaire son joli visage exsangue qui s'amenuise de jour en jour. Ses grands yeux, d'un bleu presque violet, suivent tendrement les allées et venues de sa soeur :

- « Bientôt, je vais vous quitter ! Oh, ne pleure pas ; là-haut je serai heureuse ! Je prierai pour vous tous, pour toi et pour Paul, pour que vous soyez réunis et que vous ayez une petite fille. »

Berthe s'enfuit à la cuisine, essuie ses larmes... Craignant la contagion pour elle et pour Gabrielle, les religieuses de Saint-Jean-de-Bassel prennent Marie en charge. Moderne et bien équipée, l'infirmerie du couvent accueille la jeune soeur.

Le deux décembre 1917, Marie s'éteint résignée, elle n'a que vingt trois ans. La veille, la terre s'était couverte de neige ; mais dans la nuit, le ciel avait repris sa sérénité. Le jour fut d'un bleu limpide.

On inhuma Marie au cimetière de la Congrégation.

La mère très croyante, s'efforça de relever la tête. Berthe, épuisée, repartit pour Guermange. Les villageois qui la connaissaient s'étonnaient :

- « Qu'a donc la [1] Berthe ? Elle, si courageuse, si bien portante, est mince comme un fil ! » remarque une grosse matronne avec un air entendu et qui en dit long.

---

(1) - on a encore l'habitude de mettre l'article devant un nom propre : « le Paul » - « la Berthe »

Transportés depuis plusieurs mois en Russie, Paul et ses compagnons reculent de tranchée en tranchée. Les malheureux vivent dans la neige et la boue ; leurs vêtements humides sont imprégnés de glaise visqueuse ; ils n'ont pas le temps de se laver, de se changer.

Les militaires en déroute, sur le qui-vive, n'ont pas un moment de répit. Ils sont traqués jour et nuit par les Cosaques. Ces petits hommes au type asiatique, d'une extrême agilité, montent des chevaux très nerveux et s'en servent comme boucliers. Les étranges cavaliers se glissent sur l'encolure ou sous les flancs de leurs montures ; intrépides, ils ne reculent jamais. Presque invulnérables, ils ne laissent que morts et ruines sur leur passage.

La population russe manque de vivres, la révolution éclate. Les troupes allemandes reculent toujours. Pendant une trêve, un moment de calme, les soldats s'asseyent autour d'un feu de branchages, font un brin de toilette avec de la neige fondue, épouillent leurs vêtements en loques.

Paul et quelques copains, découpent soigneusement de l'écorce de bouleau, en retirent la pellicule blanche, l'affinent et se fabriquent une jolie page où ils écrivent leur tendresse, leur amour, à ceux qui attendent impatiemment de leurs nouvelles.

Berthe recevra de ces étranges missives, les gardera jalousement et ne les montrera que beaucoup plus tard à sa famille.

•••

Tenaillée par la faim, transis par le froid, les militaires reculent toujours...

Manger... boire... et dormir... Surtout dormir... dormir...

Dans une tranchée, les soldats se construisent un refuge de rondins recouvert de terre.

Un jour que Paul et quelques copains se reposent sous l'abri, un jaillissement de lumière les aveugle suivi d'une terrible déflagration. C'est le néant... La nuit totale...

Au bout de combien de temps Paul retrouve-t-il ses esprits ? Vit-il encore ?... Des pensées brumeuses germent dans sa tête

- « Est-ce moi ? Je rêve... où suis-je ? Que m'arrive-t-il ? »

Il n'ouvre pas les yeux. Il est bien, trop bien, il n'a même plus froid, il se sent léger. Irréel...

Cependant, ses pensées cheminent lentement. Il fait un effort, lève une paupière, tourne la tête : de la terre glisse sur son visage et tout est noir ! Continuant son effort, il bouge une jambe ; l'autre lui semble prise dans un étau ; sa poitrine serrée ne lui fait pourtant pas mal. Avec précaution, il étend un bras ; sa main, il en est sûr, rencontre un visage un visage inanimé, froid, qui ne réagit pas !

Les pensées de Paul s'ordonnent, se précisent, puis soudain, son cerveau s'éclaire. L'horreur et la panique s'emparent de lui :

- « L'abri, les copains : nous sommes enterrés comme des rats ! »

L'angoisse lui tord les entrailles ; sa jambe refuse de bouger.

Tous ses sens en éveil, il réfléchit intensément, écoute... Des voix lointaines se précisent ;. Paul rassemble toutes ses forces et crie :

- « A moi, au secours ! A moi... », Sa voix s'étouffe. A côté, ses compagnons ne bougent plus.

Une voix assourdie parle au-dessus de l'enseveli :

- « Ce doit être ici, patience ! On arrive ! »

Des coups de pioche et de pelle se rapprochent distinctement. De la terre, des débris tombent sur le visage de Paul.

Une voix conseille :

- « Doucement les amis... Il ne faut pas blesser les survivants. »

On enlève des branchages, un éboulis se produit et une étoile de lumière pointe dans la tombe, c'est le jour !

Le jour qui s'agrandit à chaque coup de pioche. Paul cligne des yeux sous la lumière trop vive ; on le dégage... Il n'a pas de blessure apparente. Les deux copains, hélas, ont cessé de souffrir, le trou ouvert sera leur sépulture.

Paul, très choqué, tremble de tous ses membres, on le réchauffe avec un « café ersatz », et une « goutte » tirée du sac d'un compagnon.

Les soldats continuent leur retraite.

•••

Des nouvelles, peut-être erronées, parviennent en Lorraine. On dit que la révolution s'aggrave en Russie, que la guerre va s'achever. On dit... On dit...

Cependant, les combats font rage à Verdun. Paul obtient une permission de détente avant d'être acheminé sur le front de l'Aisne.

•••

La famille retrouve enfin son cher militaire, vit des heures euphoriques. Berthe, tout à sa joie, refuse de compter les jours... Elle sait que Paul va repartir... Et pour quelle destination ?

Le mois d'octobre arrive, escorté de pluie et de froid.

Lorsque Paul rejoint son régiment, la jeune femme s'interdit de trop penser ! Elle s'active, vit au jour-lejour... Elle sait aussi, oh ironie, que son frère Emile, dans l'armée française, combat contre Paul, son mari. Nés sur la même terre, ils pourraient devenir des fratricides !

***

Au prix de terribles sacrifices, les Français reprennent les forts de Vaux et de Douaumont... Cernées de toutes parts, les armées allemandes reculent.

Encerclé, le régiment de Paul est désarmé, les soldats sont faits prisonniers, au grand soulagement des Alsaciens et des Lorrains. On conduit les hommes dans un camp à Firminy ; avec joie et surprise, Paul retrouve son jeune cousin Fernand, prisonnier, lui aussi.

En arrivant dans la cité minière, la cohorte loqueteuse subit stoïquement les insultes des civils. On regarde avec haine ces prisonniers « vert-de-gris », on les méprise ; certains leurs crachent au visage. Les femmes, dont les maris ou les fils sont mobilisés, deviennent féroces. Comment pourraient-elles penser que des Alsaciens et des Lorrains, soient mêlés aux hommes d'Outre-Rhin ?

Paul et Fernand poursuivent leur cheminement sous les huées et les poings levés ; d'un revers de manche, ils essuient leurs visages souillés.

De Firminy, on emmène les prisonniers vers Lourdes. On les enferme dans le donjon du château.

Le froid, la faim, tourmentent les internés. Pendant la nuit, les rats et la vermine, leurs hôtes habituels, les empêchent de trouver un peu de repos, d'oubli.

Cependant, les prisonniers peuvent aller en ville, où à la grotte de Massabielle ; mais ils sont si sales, si démunis que, pris de honte, ils n'osent se montrer. Ils se terrent... craignant de se faire insulter.

Du haut de leur donjon, les prisonniers contemplent tristement la petite ville pyrénéenne, sertie entre les montagnes. Au fond du paysage, ils suivent d'un oeil nostalgique la course du Gave, ses bouillonnements entre les rochers ; ses eaux brisées en facettes scintillantes fuient vers Pau, pour s'anéantir dans les bras de l'Adour.

...

Après quelques semaines, les Alsaciens et les Lorrains, séparés des Allemands, sont transportés vers Arcachon. Après la rigueur des camps, bien traités, les malheureux revivent ; ils ne souffrent plus de la faim, ni de la soif. Et, luxe suprême, on leur offre des vêtements usagés, mais propres. Ils obtiennent la permission de correspondre avec leurs familles et de sortir comme bon leur semble...

Paul et Fernand ne se quittent pas et déambulent dans les rues accueillantes de la petite ville des Landes.

- « Vous parlez le français ? », s'étonnent des civils.

- « Eh oui ! C'est même notre langue maternelle ! »

Les deux cousins, pressés de questions, racontent leur vie en Lorraine ; puis leur mobilisation forcée sous le drapeau allemand. Des gens aisés leur offrent parfois un billet de spectacle ou de cinéma ; d'autres, marins ou pêcheurs, les conduisent visiter la baie d'Arcachon, ses parcs ostréicoles. Parfois même, ils sont invités à manger.

Des études, des cours, sont proposés aux prisonniers désireux de s'instruire. On offre à Paul de se spécialiser dans les professions forestières et de venir s'installer dans la région.

- « C'est inutile » décline l'intéressé...

- « Ma place est en Lorraine, je serai garde comme mon père. J'aime notre région, et à plus forte raison maintenant ; nous serons certainement libérés du joug allemand. »

⁂

Dans certaines villes germaniques, la révolte gronde ; la misère, la faim rendent les civils agressifs. Les populations en ont assez du « Kamiss-Brot » et du « Kafé Ersatz ».

Ludendorff s'avoue vaincu.

Sous la pression de son peuple, Guillaume II abdique et, avec le Konprinz, se réfugie en Hollande.

L'Armistice est signé à Rothondes le 11 novembre 1918. La bonne et incroyable nouvelle se répand très vite.

Les gens encore méfiants n'osent extérioriser leur soulagement, leur joie... Les autorités sont pourtant affirmatives :

La guerre est finie ! La guerre est finie !

L'Alsace et la Lorraine sont redevenues françaises ! Dans les rues, on s'embrasse, on se congratule. Les cloches des églises sonnent allègrement ; sous les voûtes des sanctuaires des « Te Deum » vibrants s'élèvent. Des cris, des rires, des chants de gloire et de victoire fusent parmi les groupes qui se forment sur les trottoirs et sur les places.

Sur les façades des bâtiments publics, fleurissent subitement les drapeaux aux trois couleurs nationales. Où avait-on caché ces pavillons, depuis de si longues années ?

Pour certaines familles en deuil, la joie se noie dans les larmes : elles savent qu'un des leurs ne reviendra pas...

Les rires meurent sur les lèvres de ceux que le malheur a épargné.

Cinquième partie : LES RETROUVAILLES

La grande, l'immense nouvelle parvient à Vahl.

Berthe étouffe de joie. Paul, son Paul va revenir... Les jours paraissent des semaines... Les aiguilles de l'horloge n'avancent pas.

Clémence calme sa fille :

- « Voyons, sois raisonnable, tu sais bien qu'il ne peut pas arriver tout de suite. Depuis Arcachon ! Tous ces hommes qui veulent rentrer à la maison. Imagine la cohue dans les gares et dans les trains. Arrête de bousculer ces cocottes, ça n'avance à rien ! »

Berthe s'oblige au calme, astique ses coquelles, les range, part soigner les lapins. Elle ne fait rien de bon.

Elle attend !

Un après-midi qu'elle travaille au jardin, une voix claire appelle :

- « Petite mère, petite mère... Viens vite ! »

Des paroles joyeuses s'élèvent. Des pas précipités

approchent, Berthe a deviné, son coeur bondit. Elle laisse ses outils, ses sabots, s'élance pour tomber dans les bras ouverts de Paul.

Ils rient, ils s'embrassent, se regardent comme s'ils rêvaient.

En silence, Gabrielle et Clémence se sont retirées.

...

Paul ramène Berthe à Guermange. Il ne leur reste que leur jeunesse, leur courage et leurs bras. L'amour aidant, ils seront heureux.

Le couple songe à remettre la maison forestière en ordre, à la nettoyer et la rendre habitable.

Paul reprend ses fonctions à la Breite ; son patron lui fournit un bateau neuf.

Raymond habite Zommange ; Marie son épouse, lui a donné un fils : André.

Louis, après avoir suivi des cours d'industrie hôtelière, épouse une jolie Lunévilloise.

Eugénie comblée, retrouve ses trois fils ; elle peut enfin prendre un peu de repos. Les jeunes ménages vivent aux alentours et la mère, usée par les soucis, ne sera plus seule.

Paul, lui aussi, sera bientôt père. Il en fait part à sa mère qui bien sûr s'en réjouit :

- « Je suis encore bonne à quelque chose, vous me confierez les enfants, ils me rajeuniront. » Le couple rayonne de bonheur.

...

Par une belle journée d'automne, Berthe reverra la Breite, le nid qu'elle a quitté d'une manière si tragique quatre ans plus tôt.

L'été de la Saint-Martin pare les bois et les prés d'une débauche de couleurs.

Se tenant par la main, les époux descendent la ruelle de l'étang, pour arriver à « la Perche ». Paul installe Berthe dans le bateau, enlève l'entrave, tandis que l'inséparable Boris retrouve sa place au fond de la barque. D'un coup de gaule, le garde pousse l'esquif au milieu du ruisseau.

Le soleil danse sur l'onde mouvante. Habile magicien, il irise de perles et de rubis chaque goutte d'eau glissant des rames. Berthe reste muette d'admiration ; ses yeux suivent les frissons des fines vagues qui moirent la surface de l'étang et vont s'anéantir dans les laîches.

Paul rame régulièrement et, le coeur gonflé de joie, contemple son épouse rayonnante.

Des foulques agiles plongent, disparaissent, puis émergent à l'orée de la roselière. Des cols-verts battent l'eau de leurs ailes déployées, s'élèvent bruyamment et volent vers le Roemersberg. Le chien alerté suit des yeux les volatiles... Il voudrait bien les poursuivre et s'apprête à sauter à l'eau... La barque tangue...

- « Allons Boris... couché ! » intime le garde.

Ils abordent à la Cornée. Le chien n'attend pas, nage jusqu'à la rive et s'ébroue avec vigueur. Paul attache le bateau, prend Berthe dans ses bras, la dépose à pied sec sur la berge.

D'un regard ému, ils embrassent le paysage tant aimé. Les sillons cultivés jadis avec tant de soins sont en friches. Des chardons, armés de dards puissants, prolifèrent et dressent leurs feuilles agressives. Un souffle de vent disperse des semences au fin duvet argenté ; les légers aéronefs s'éparpillent dans l'air. Des plants de rumex, d'oseille sauvage, aux larges feuilles d'un vert foncé, se partagent le terrain avec les bardannes dont les capitules duveteux s'accrochent si traîteusement aux vêtements.

Sur le revers des sillons, en montant vers la forêt, des cardères impérieuses dressent leurs hampes rigides aux têtes épineuses. En toute sécurité, de petites araignées dorées tendent leurs filets entre les branches rébarbatives. Des millefeuilles, des camomilles et des menthes sauvages occupent le reste du terrain.

Berthe froisse quelques feuilles ordorantes.

Dans la prairie voisine, les colchiques mauves ouvrent leurs corolles fragiles.

La jeune femme s'arrête, extasiée, devant une touffe toute ronde de véronique :

- « Regarde, Paul, en cette saison, comme elle est jolie ! La première gelée la ternira »

Berthe cueille tendrement quelques brins et les glisse dans le creux de son corsage.

Des marguerites échevelées, des campanules bleues, s'écartent au passage du couple qui s'enfonce sous la voûte encore verte des grands chênes.

Le chien folâtre de gauche à droite, flaire une piste...

Des oiseaux pépient et voltigent de branche en branche.

Agile, un écureuil disparaît dans la frondaison jaunissante, mais encore touffue d'un hêtre. A l'abri des regards, il décortique bruyamment quelques faînes.

En soupirs soyeux, des élytres desséchées se détachent, tourbillonnent pour s'échouer sur la mousse.

Autour d'un « rond » de chanterelles au parfum pénétrant bruissent des moucherons verts et bleus.

Soudain le chien se met en « arrêt », bondit et s'élance à la poursuite d'une sauvagine :

- « Boris... Ici Boris ! », crie le garde, sévère.

Obéissant, le chien revient auprès de ses maîtres.

La tranchée se rétrécit ; le couple emprunte un petit sentier ; depuis la guerre, il s'est refermé et recouvert d'un épais tapis de mousse. Des branches s'entrelacent, des ronces acérées agrippent les vêtements.

Paul prend le bras de sa femme, lui fraie un passage parmi l'inextricable lacis d'une végétation désordonnée.

Le sous-bois s'éclaircit.

Sentinelles impassibles, les trois sapins veillent à la sortie de la sente.

La chère petite maison se dresse enfin devant eux. En quelques foulées ils l'ont rejointe.

A gauche, dans le verger, les dernière pommes dorées et mûries à point attirent l'attention. Au fond du jardin, l'espalier dresse ses rameaux dénudés ; il a perdu ses feuilles et ses fruits.

Des liserons, solidement vrillés au grillage, créent un fouillis inextricable. Les groseilles entortillées dans les entrelacs anarchiques des lianes ressemblent à des paquets mal ficelés.

Les rhizomes du chiendent envahissent la terre encore meuble.

Par endroits, des armoises secouent leurs hampes grises et désséchées ; des millepertuis aux feuillages fins et piqués de brun, portent encore des ombelles roussies. Des benoîtes, des aigremoines agressives, accrochent leurs semences aux vêtements.

Dominant toute cette flore sauvage, un bouillon-blanc relève sa tête altière encore toute parée de boutons dodus, prêts à s'ouvrir.

Attardées, les dernières roses agrippées à la tonnelle s'effeuillent une à une.

- « Il faudra remettre tout cela en état ! Je vais descendre à la ferme pour emprunter une faux ; c'est la première chose à faire. »

Le cerisier au feuillage rougi ressemble à un énorme bouquet écarlate ; les oiseaux y tiennent concert. Les branches du gros pommier ploient sous le poids des fruits joufflus.

- « Nous ne manquerons pas de beaux fruits pour

cet hiver », constate le garde satisfait.

Boris flairant une « coulée » se faufile dans un labyrinthe d'aigremoines et de benoîtes. Il en ressort le poil constellé de semences agressives qu'il s'efforce d'arracher à coups de dents.

...

Devant la maison délabrée, le couple hésite à entrer. Toutes les serrures sont arrachées, les volets battent, des carreaux manquent aux fenêtres.

Résolument Paul pousse la porte d'entrée ; Berthe le suit, pleine d'appréhension ; elle se souvient...

De nouveau de la paille, du foin, des linges souillés, traînent sur le plancher, les armoires baillent, vidées de leur contenu.

A l'aide d'un couteau, on a taillé des encoches sur le bord de la table de cuisine, il reste quelques chaises boiteuses.

- « Heureusement que nous avons descendu la literie à la ferme. Il ne nous resterait plus rien ! Tout est à nettoyer et à refaire... »

- « Ne te tracasse pas, Berthe ! Nous arriverons au bout de ce travail, viens, il y a un râteau et une vieille fourche dans l'étable. Nous allons rassembler cette paille et ces chiffons, je brûlerai le tout au jardin. »

Encouragée, elle renchérit :

- « La prochaine fois, j'apporterai de la soude, de l'eau de javel, des serpillères et une brosse pour nettoyer ! Qu'en dis-tu ? »

Paul serre son épouse dans ses bras et, pleins de courage, ils se mettent à l'ouvrage. Ils visitent la maison de la cave au grenier : que de surprises désagréables !

Berthe ratisse et pousse les débris vers la cour ; son mari emporte les déchets dans le jardin, gratte son briquet d'amadou et les enflamme.

De la ferme, les amis viennent saluer le garde et sa femme, ils apportent des pelles, une faux, des balais. Tous se mettent à l'oeuvre, balaient, fauchent, brûlent... Pour le soir, la maison est déblayée.

Avant de se quitter, les voisins de la maison forestière s'asseyent en rond sous le cerisier pour boire un verre de cidre pétillant à la santé du jeune ménage : ils sont si heureux de se retrouver.

Paul se gratte machinalement ; Berthe, frotte ses jambes brûlantes : - « Mais, qu'est-ce que j'ai ? »

- « Ce n'est rien, rétorque Lucien en riant, quelques puces, nous en avons eues à la ferme. Rien d'étonnant, tant de militaires sont passés ici ! »

- « J'en ai plein les bas ; elles sont collées comme des grains de sable entre les mailles du tricot ! »

Ecoeurés, les jeunes gens secouent leurs vêtements et se quittent.

Boris, assis sur son train arrière, se gratte et s'ébroue vigoureusement.

- « Viens, ma pauvre chérie, rentrons vite à Guermange pour nous laver et nous changer. Viens aussi mon bon chien ; j'irai chercher de l'insecticide pour tuer tous ces parasites indésirables ! »

...

Le lendemain, à la pointe du jour, Paul se rend à Lindre chez son patron, rapporte un puissant désinfectant, de l'insecticide et tout ce qu'il faut pour rendre la maison habitable.

- « Si tu restais à Guermange, Berthe ? Tu parais si fragile en ce moment ! Je crains que ces travaux soient trop fatigants pour toi ! Il faut fermer toutes les ouvertures de la maison pour que les produits à employer aient plus d'efficacité. »

- « Je t'en prie, Paul, laisse-moi t'accompagner,

je veux t'aider ; à nous deux ce sera plus vite fait ! Tu viens Boris ? »

Contrairement à son habitude, le chien ne semble pas vouloir suivre ses maîtres, les regarde d'un air un peu gêné, puis se pelotonne dans une botte de paille.

- « Tu crains les puces, pourtant je t'ai soigné... » dit Berthe en passant une main affectueuse sur la tête de l'animal.

Arrivés à la Breite, les époux se mettent à l'ouvrage, suivant à la lettre les conseils donnés. Ils balaient, lavent, brossent et désinfectent. Recrus de fatigue, le soir venu, ils rentrent à Guermange.

Au bout de la ruelle de l'étang, Boris attend ses maîtres ; il paraît triste, sans entrain et il se gratte encore.

- « Serait-il intoxiqué ? »

On caresse l'animal, on l'installe sur de la litière fraîche. Les bons yeux tendres et fidèles du chien semblent dire que tout est inutile ; il lèche les mains du garde, gémit doucement ; puis il tourne sur lui-même et se fabrique un nid dans la paille. Eugénie apporte du lait tiède : Boris l'aime beaucoup ; mais il refuse d'y goûter, et se laisse tomber vaincu par un mal sournois.

- « Allons, mon compagnon... qu'est-ce que tu as ? »

D'un effort suprême, le pauvre chien se soulève... Un voile passe sur ses yeux, d'une patte mal assurée il agrippe la jupe de sa maîtresse qui le recouche doucement, le caresse et court lui chercher un morceau de sucre. Boris flaire la main et, pour faire plaisir, croque difficilement la friandise.

- « Tu ne vas pas mourir mon bon chien ? Nous avons encore besoin de toi ! » dit la jeune femme en pleurs, en s'agenouillant auprès de lui.

- « Rentre, Berthe, je reviendrai le voir tout à l'heure et demain j'irai demander un médicament chez un vétérinaire à Dieuze, si j'en trouve un ! »

Avant de se coucher, Paul retourne voir ce que fait Boris.

Le chien est mort.

Il se hâte de faire disparaître le cadavre... Il n'a qu'une idée en tête : il ne faut pas que Berthe arrive avant que le trou ne soit refermé. Pourquoi infliger un nouveau chagrin à la future maman, déjà fatiguée par les soucis et devenue diaphane.

Dès son lever Berthe court voir son cher compagnon... Seule, la paille garde l'empreinte de Boris... Elle ne peut retenir ses larmes.

Berthe se repose à Vahl.

Hélas, la grippe espagnol sévit au village... La mère, première atteinte, puis Gabrielle, s'alitent. La terrible épidémie terrasse des familles entières. Les médicaments manquent pour combattre le virus particulièrement néfaste pour les vieillards et les femmes enceintes.

Malgré son état, Berthe, soigne sa mère et sa soeur et interdit à Paul de venir les voir aussi longtemps qu'elles seront malades.

Des médecins militaires en cantonnement dans la bourgade s'occupent des soldats malades et se dépensent au chevet des civils.

Un docteur de passage s'inquiète de la maigreur et de la mine effrayante de Berthe :

- « Voyons Madame, dans votre état, c'est un suicide ; vous risquez de ne plus vous en sortir ! Vous êtes fiévreuse, mettez-vous au lit ! C'est un ordre, j'enverrai un infirmier pour vous aider. »

Sans forces, la jeune femme obéit ; le sang lui martèle les tempes, elle a froid... très froid, et ce froid glacial coule dans ses veines, l'envahit.

Pendant de longues journées, elle restera entre la vie et la mort ; mais dans sa demi-inconscience elle lutte. Elle veut vivre pour Paul, pour l'enfant qu'elle porte et qui se débat.

Des infirmiers de l'armée et des voisins charitables se relaient au chevet des malades. Paradoxalement, les animaux de la basse-cour éternuent : eux aussi, sont touchés par l'influenza.

Sa jeunesse aidant, Gabrielle se remet assez vite. La mère, qui souffre du coeur, restera très affaiblie pendant de longs mois. Contre toute attente, Berthe entre en convalescence, mais doit prendre des précautions ; il faudrait des fortifiants encore introuvables en pharmacie.

Le mois de février finit, la neige commence à fondre. Le soleil, pour essayer ses forces nouvelles, risque un oeil sur les toits encore blancs, fait pleurer les chéneaux. Des stalactites de cristal se forment aux bords des toitures, les pendeloques de glace se parent de facettes chatoyantes.

Mélancolique, Berthe regarde par la fenêtre, un éclair de joie et d'espérance dans les yeux.

- « Aussitôt qu'il fera bon, Paul viendra me chercher ! Maman, et toi Gabrielle, vous êtes invitées, c'est bien votre tour et j'aurai besoin de vous ! »

- « Oui, Berthe, nous ne t'abandonnerons pas ! »

...

Paul, impatient, arrive enfin et ramène son épouse en calèche jusqu'à Guermange. Malgré tous les pronostics de la faculté, elle garde son bébé.

Ce jour béni des retrouvailles ne s'effacera jamais de la mémoire du jeune couple. Après de tendres adieux à sa mère et à sa soeur, Berthe se blottit sous la capote de cuir du véhicule et, serrée près du conducteur, se laisse bercer au trot du cheval.

Mars 1919...

- « Il fait beau, si nous allions à la Breite, demande le garde, le grand air te ferait du bien ? »

- « Oh, oui, Paul, avec plaisir ! »

Tout heureuse, la jeune femme s'habille chaudement et, bien emmitouflée, se rend au bateau.

La gelée matinale enfarine la haie de la ruelle. Usés par les intempéries de l'hiver, les panaches gris des roseaux se courbent, alourdis par des perles de givre. Une fine résille blanche et poudreuse enrobe les massettes brunes. Des touffes de carex s'écrasent sous les pas, craquent sous le poids des glaçons accrochés à leurs feuillages aigus.

De sa gaffe, Paul pousse le bateau au milieu du ruisseau. Calme et tranquille, l'étang les accueille. A chaque coup d'aviron, le miroir liquide se trouble de cercles concentriques qui s'élargissent puis se dissipent en légères voussures. Des palmipèdes dérangés, battent l'eau de leurs ailes ; effrayés, ils se dissimulent dans les laîches.

Dans une apothéose de petits nuages vaporeux, le soleil émerge au-dessus de la forêt et, pareil à un jeune acteur prêt à monter sur scène, se mire sur l'eau paisible. Sur le passage de la nacelle, les vagues frissonnantes déforment l'image de l'astre. Berthe sourit :

- « On dirait que le soleil a froid. »

Cependant, elle détourne les yeux du paysage féerique pour les fixer au fond de la barque, elle soupire :

- « Si nous avions encore notre Boris ! »

- « Console-toi ma chérie, la chienne de Raymond a des petits, j'ai retenu un chiot. »

- « Remplacera-t-il mon fidèle compagnon ? »

Sixième partie : LA MAISON DE LA FORET

Comme par le passé, le couple débarque à la Cornée. Paul prend sa femme dans ses bras et la porte sur la berge. L'herbe, encore raidie par le froid, crisse sous les pas.

En forêt, les arbres dénudés poussent des bourgeons velus, gorgés de sève mielleuse. Des branches mortes craquent. Une harde de chevreuils s'élance dans les halliers. Sous les grands chênes, le tapis feuillu se désagrège et se transforme en humus.

Les sangliers ont fouillé le terreau à la recherche de racines et de fruits secs. La terre labourée par les groins voraces, laisse apparaître par endroits des glands aux cotylédons entrouverts où naissent de légères plantules toutes fragiles... On imagine difficilement que les petites pousses donneront des arbres séculaires.

Bien abritées, des anémones blanches fleurissent ; les primevères pointent leurs feuilles frileuses et chiffonnées.

Entre le fût des arbres, les rayons du soleil chassent l'ombre, lèvent des voiles de brume parfumés où scintillent d'infimes particules mouvantes.

Dans les taillis, les oiseaux se concertent, sautillent à la recherche d'un endroit propice pour construire un nid.

Les ornières de la tranchée sont encore recouvertes d'une dentelle de glace transparente, où se dissimulent de minuscules rainettes vertes.

Le couple arrive au petit sentier élagué de ses branches encombrantes, puis débouche sous les trois sapins. Berthe pose un regard humide sur les conifères comme sur de vieux et fidèles amis retrouvés.

Paul entraîne son épouse :
- « Pas si vite, je suis essoufflée. »
- « Pardon ma chérie, je suis pressé d'arriver chez nous ! » s'excuse Paul, clignant un oeil malicieux. Il a hâte de montrer la maison préparée en cachette. Modestement, avec peu de moyens mais beaucoup d'amour, Paul a remis de l'ordre dans la maison forestière.

Eugénie, venue les jours précédents, a préparé un lit à l'édredon rebondi.

Lavé, astiqué, le fourneau de fonte ronfle joyeusement. Les armoires nettoyées et cirées portent sur leurs rayonnages quelques lingeries bien rangées.

Dans la cuisine, la table et les chaises réparées se prélassent sur le sol de briques rouges ; un bahut tout neuf trône dans un angle. Sous la grande cheminée, le vieux poêle a pris un air de renouveau et fait la nique au couvercle noir du four à pain : ils ont été frottés à la « mine-de-plomb ».

Berthe, n'en croit pas ses yeux et, toute joyeuse, se pend au cou de son mari.

Eugénie et Gabrielle arrivent juste pour participer à ce bonheur.

Les larmes de joies s'effacent sous les sourires.
- « Que vous avez été gentils pour nous, oh merci, merci ! »

Berthe va de surprise en surprise ; on l'entraîne vers l'étable. Attachée devant la crèche, une chèvre blanche, aux cornes recourbées, mâche paisiblement une poignée de foin ; sa longue barbiche tremblote dans un mouvement de balancier.

Les mamelles gonflées de lait, elle tourne ses yeux dorés vers les arrivants et les accueille par quelques bêlements retentissants.

- « Regarde, Berthe, la chèvre me connaît déjà ! Biquette... Biquette ! » appelle Gabrielle en s'approchant.

- « Mais je rêve, réveillez-moi ! »

Dans la cour, un coq conduit fièrement ses deux poules.

- « Du bon lait, des oeufs ! Nous sommes comblés, merci mon Dieu. »

Paul rougit de plaisir, sa petite moustache blonde frémit :

- « Il n'y a plus qu'à travailler, et ça ne me fait pas peur !... »

Eugénie jette quelques graines aux poules ; mais la chèvre gourmande, réclame aussi son dû ; Gabrielle apporte une poignée d'avoine dans le creux de ses mains ; sans plus de manières, l'animal croque la provende inhabituelle.

- « Tu feras attention à la chèvre... Hier, la porte de la cuisine n'était pas fermée, la coquine a fait sauter la porte du four où je loge le corbillon d'avoine, appuyée des deux pattes sur le rebord du four, elle se régalait de grains », ajoute Gabrielle en riant.

Berthe passe ses doigts dans la fourrure rêche de Biquette qui, intriguée par tant de sollicitude, s'ébroue avec force et joue des cornes.

- « Viens encore voir les lapins ! J'ai apporté une mère et ses lapereaux. »

Gabrielle entraîne sa soeur...

Une journée heureuse passe très vite...

- « Nous allons rentrer à Guermange avant la tombée de la nuit. En passant par le « Bois de la Cure », nous serons vite arrivées », déclare Eugénie.

- « Pas avant d'avoir pris un bon café et mangé quelques biscuits ! » proteste Gabrielle.

- « Celui-là, c'est « du vrai », pas du malt, et encore moins l'infâme breuvage fait avec des glands grillés ! »

- « Mum... qu'il est bon ! » dit Eugénie qui raffole de café.

- « Au revoir, à un de ces jours !. »

Les deux femmes s'enfoncent dans la forêt.

Lucien, le voisin de la ferme, arrive en courant, invite le jeune couple à manger et à passer la soirée chez ses parents.

Paul et Berthe s'excusent, mais tant de joies et tant d'émotions les ont fatigués ; ils préfèrent rester chez eux ; afin de se retrouver seuls dans leur nid.

Après un souper frugal, ils soufflent la lanterne et se glissent sous leurs draps frais qui fleurent la lavande.

Vaincu par la fatigue, Paul s'endort vite ; mais Berthe ne trouve pas le sommeil... Trop heureuse peut-être ? Ou alors, c'est la faute du trop bon café : personne n'y est plus habitué !

Bercée par une langueur inconnue, tous ses sens en éveil, elle écoute... Ah, ce silence de la nuit où le moindre bruit prend tant d'importance !

En bas du grand parc, les rumeurs de la ferme s'estompent. Des meuglements, des hennissements s'élèvent ; de temps à autre des chiens aboient. De ses ailes, un oiseau frôle les chéneaux... La brise soupire dans la futaie encore nue ; passe en coulis sous la porte.

- « Et le plancher craque, c'est peut-être une vrillette, une souris... ou alors ?... Ce Clauss qui a tant fait parler de lui ! »

A cette pensée, Berthe sort de sa douce torpeur, écoute, retient son souffle, puis se rassure :

- « Paul dort à côté de moi ! Son fusil est pendu au pied du lit ! Je n'ai vraiment rien à craindre ; et, depuis la fin de la guerre on ne sait plus rien de Clauss, le déserteur ! »

En sarabande, les idées trottent dans la tête de la jeune femme ; attendrie, elle rêve au futur bébé, fait des projets :

- « ... Dans l'angle de la fenêtre, nous installerons le berceau... et puis, je ferai de jolies brassières... des bleues... des roses... »

Elle s'endort enfin. L'aube, pointe déjà et repousse les voiles de la nuit.

•••

Dès son réveil, Paul rallume les feux : la maison si longtemps abandonnée devient vite froide.

- « Repose-toi, je n'ai pas besoin de toi ; je t'appellerai pour préparer le repas de midi. »

Il soigne les poules, les lapins, puis s'occupe de la chèvre. Jusqu'à présent, tout va bien ; mais il faut traire l'animal, c'est une autre affaire ! Paul ne sait pas traire. Il s'agenouille dans la paille, coince la chèvre contre la crèche, pose son seau devant lui et tire sur les mamelles ; un mince filet laiteux coule parcimonieusement. Biquette, inquiète du traitement, donne un coup de corne dans le dos de son maître.

- « Ça ne doit pas être ainsi qu'il faut procéder. », se dit Paul énervé ; il se met par derrière et tire de plus belle sur les trayons récalcitrants. La chèvre s'ébroue, bêle lamentablement et, d'un vigoureux coup de pied, renverse le récipient. Le liquide gicle sur le pantalon du garde et se répand sur le sol.

Fort dépité, Paul peste et grogne :

- « Tant pis, j'irai chercher du lait à la ferme. Et puis, je ne veux pas boire le lait de cette satanée garce ! »

Pendant ce temps, Berthe s'est levée ; Paul lui raconte sa mésaventure.

- « Ce soir je trairai Biquette, tu verras, Paul ! »

- « Surtout ne me fais pas boire le lait de cette sale bête ! » ronchonne t-il, rancunier.

La journée se passe très vite, Berthe range la lingerie remontée de la ferme. Paul installe un lit dans la chambre voisine : ainsi les parents et les amis pourront dormir à la maison forestière.

•••

Coiffé de sa casquette, son fusil sur l'épaule, Paul s'apprête à partir en forêt ; Berthe l'accompagne sur le seuil.

- « Il te manque un chien ; ah ! si nous avions encore notre Boris ! »

- « C'est vrai, j'irai à Zommange chercher le chiot que Raymond m'a réservé. »

- « Tache aussi de nous rapporter un chat, j'ai vu des souris dans la cuisine. »

- « C'est facile, j'en demanderai un ou deux à Guermange ou à la ferme. »

- « Au revoir Paul, ne t'attarde pas trop, et rentre avant la tombée de la nuit. »

- « Entendu, à tout à l'heure. » Paul consulte sa montre et la remet dans son gousset...

L'ombre grandit déjà lorsque Paul rentre au logis ; de sa gibecière il sort fièrement un magnifique « colvert ».

Berthe complimente son mari, elle pourra préparer

un bon repas ; pourtant ses mains tremblent un peu en déplumant le bel oiseau.

- « Oh, le joli plumage aux reflets verts et bleus ; ce serait splendide pour garnir un chapeau ! »

Les mains agiles trient le fin duvet, ôtent les plumes trop dures et enserrent le reste dans un sac de toile. Avec des gestes lents, la ménagère poursuit son travail ; le moindre souffle d'air soulève le duvet qui se loge sur les cheveux, glisse sur le sol et sous les meubles. Paul rit et la taquine :

- « Te voilà avec des cheveux blancs ! Tu es toute vieille déjà... »

•••

La maison forestière se monte petit à petit.

L'oncle Chrétien vient souvent avec son char-à-bancs ; ses quatre filles : Denise, Maria, Camille et Marguerite, l'accompagnent ainsi qu'Eugénie. Tous sont heureux de passer quelques heures de détente à la Breite.

•••

- « Demain, j'irai au ravitaillement à Guermange. Puisque les épiciers sont tous deux nos parents, je partagerai mes achats. Je prendrai des victuailles pour plusieurs semaines. »

- « N'oublie pas de rapporter du pétrole »,

En effet, à sa dernière visite, Clémence avait offert une lampe à pétrole pour la cuisine : une lampe moderne avec un miroir en cuivre réfléchissant la lumière.

Pour la chambre commune, le jeune ménage avait reçu aussi une lampe à suspension. Quel luxe ! Son énorme abat-jour d'opaline garni d'un frange de perles vertes et rouges, « la suspension » fait l'orgueil de la maîtresse de maison. Cette source de lumière rassemble tous les membres de la famille, préside à toutes les réunions ; c'est l'âme bienveillante qui veille sur les destinées.

•••

Paul vogue allègrement vers Guermange. Il ira embrasser sa mère et fera ses achats chez Marie Colin, puis chez Fernand. Il bavarde un peu et s'attarde.

La nuit tombe, Paul ne rentre pas...

Berthe impatiente, puis inquiète, court sur l'arrière de la maison et scrute le sentier. Déjà l'ombre envahit le sous-bois, la brise chuchote dans les longues branches des sapins...

Enfin, des pas se rapprochent, Paul arrive souriant, chargé de marchandises et du précieux pétrole.

- « Tu as été longtemps ! Je me sentais bien seule », reproche gentiment la jeune femme en se serrant dans les bras de son mari.

- « Il faudra me raconter ce que tu as vu. »

- « Oui, dès le travail terminé ! »

•••

Sous le halo amical de la lampe, le couple bavarde après avoir soupé du plat de pommes de terre au saindoux et bu le bol de lait traditionnel.

- « Ecoute la dernière « fiauve » de Guermange : Ces jours-ci, tandis que le berger gardait son troupeau et regardait paisiblement l'herbe pousser, il fut pris d'un besoin pressant... Il s'abrita derrière une haie touffue, et soulagé, il saisit à pleine main une touffe d'herbe.

- « Elle est bien douce », songea le brave homme : il regarda de plus près. Stupéfaction ! il tenait un lièvre par les oreilles... Le berger n'a jamais raconté si en premier il tua le lièvre ou remonta son pantalon. »

...

Paul poursuit :

- « Ces figures légendaires mettent de la joie dans la vie quotidienne. Le berger, Sigis et ses oies, le père Gras et ses cochons.

Pendant la guerre, ils n'exerçaient plus leurs petits métiers ! Depuis quelques temps, le père Gras a repris ses fonctions. Tous les jours, quand il fait beau, le père Gras souffle dans sa corne en parcourant les rues du village. Les agricultrices lâchent les cochons ; tandis que Mélie les chasse devant elle. A la sortie du bourg, le troupeau impressionnant se dirige vers les chaumes ou les friches. Le grognement des laies pansues, se mêle au couinement des porcelets lâchés pour la première fois. Un chien hirsute tourne autour des récalcitrants et les fait rentrer dans le troupeau.

Mélie seconde « son homme » ; petite et alerte, elle a la langue bien pendue et, c'est elle qui conduit « le chétrou » [1], dans les porcheries où les bons soins de l'homme de l'art sont demandés.

Joseph, maigre et sec, sait toujours quelque chose à raconter et, dans les conversations, lève un doigt sentencieux ; les exploits de son chien et même de sa chèvre, tous deux doués d'une intelligence supérieure, nourrissent une bonne partie de ses entretiens.

Quant à Mélie, c'est aussi une personne extraordinaire ; n'a-t-elle pas « poqué » [2], son fils pendant onze mois ?

---

(1) - castreur
(2) - porté

- « Elle avait mal compté ! » Berthe rit de bon coeur.

- « Il faudrait que tu voies le retour du troupeau : coups de groins par ci, coups de dents par là, et les hurlements dans la horde ! Le chien se démène, pince une oreille, mord dans une cuisse...

Sur le pas des portes, les fermières attendent les animaux. En tête du troupeau viennent « les courants » ; puis en dernier, les truies ventrues, parfois suivies de leur portée. Certaines se sont vautrées dans l'eau d'un fossé et rentrent dégoulinantes de boue, la gueule baveuse ; seuls leurs petits yeux vairons - à demi cachés par de larges oreilles pendantes - restent blancs. En passant auprès des fumiers, les porcs ne manquent pas de fouiller la fange du caniveau.

Il existe encore beaucoup de maisons mitoyennes ; plusieurs familles habitent sous le même toit, empruntent le même corridor. Et malheureusement, c'est par ce couloir que les cochons rentrent à la porcherie.

La tête des ménagères lorsqu'elles doivent nettoyer la boue rapportée par les porcins ! »

- « On pourrait bien moderniser ces mauvaises habitudes, si nuisibles à la bonne entente des voisins ! dit Berthe. N'y aurait-il pas une autre porte ; une porte de grange, même s'il fallait l'ouvrir spécialement pour les bêtes ? »

- « La coutume est établie ! C'est ainsi ! »

- « En voici pourtant une qui sera abolie... On raconte que les maires de la région de Bénestroff demandent l'interdiction de sonner les cloches pendant les orages. Cette mesure touche la commune de Bermering ; les habitants sonnaient les cloches chaque fois qu'un orage s'approchait afin de détourner la grêle qui risquait de détruire leurs récoltes.

C'était efficace, parait-il ; mais la grêle se déversait sur les communes environnantes. »

- « Je devrais le savoir, puisque je viens de cette région ! Mais je peux te raconter la mésaventure arrivée à une vieille dame de Vahl... Quand je l'ai connue, elle vivait dans le plus complet dénuement ; chacun lui portait des victuailles pour sa subsistance.

Maria et son mari agriculteur, vivaient de leur travail. Ils n'avaient pas d'enfant, pourtant l'homme bûchait sans repos, il ne respectait même plus le jour du Seigneur.

Bientôt, la malchance s'abattit sur la maisonnée, les bêtes périrent et le cultivateur désespéré en mourut. Harcelée par des héritiers avides, la veuve se laissa dépouiller de ses biens. Il ne lui restait plus qu'une masure où elle vivotait chichement.

Ses ennemis invisibles ne lui laissèrent jamais de repos... Le soir venu, des chaînes glissaient dans la cheminée ; des casseroles bougeaient sur le dressoir et, pire, pendant la nuit lorsque la pauvre femme voulait prendre un peu de repos, des bourdonnements et des chuchotements bruissaient dans ses oreilles. Des légions de souris sautaient sur sa table de nuit.

Il paraît que cet étrange envoûtement l'a poursuivie jusqu'à la fin de sa vie. »

Dans d'autres villages, beaucoup moins anodines, des coutumes sont restées au fond des mémoires... On se les raconte encore sous cape :

Des gros malins aimaient souvent se gausser des gens trop crédules, les faire « marcher ». Un jour, l'un d'entre eux, imagina une fable... Des tritons [1] énormes se cachaient sous les ponts au milieu des conduits d'eau, il fallait les déloger.

---

(1) - tritons : gros lézards ou salamandres avec des écailles et une crête dorsale. Il doit y avoir un rapprochement avec le « Graouly légendaire » de la région messine (Mittersheim)

L'instigateur de la farce avait donc convié les villageois à l'aider pour se débarrasser des monstres indésirables.

Munis de sacs, les bénévoles cachés au fond du fossé, devaient se tenir à l'embouchure du conduit pour capturer les reptiles. Agenouillés dans la boue, les benêts attentifs guettaient, tandis que le farceur, aidé d'une perche semblait traquer les bêtes.

Rien ne sortait du conduit et pour cause ! Les braves gens, l'oeil rivé au conduit, attendaient parfois des heures avant de s'apercevoir qu'ils étaient les victimes d'un farceur.

•••

Les jeunes époux, parfois, rient de leur pauvreté :

- « Nous sommes comme Cadet Roussel ; par chance notre maison a des poutres et des chevrons ! ».

Un jour qu'ils doivent chercher du pain à Assenoncourt, ils fouillent leurs poches pour trouver l'argent nécessaire.

Ils n'ont pas encore été payés ; l'envie de rire est passée.

- « C'est loin pour aller chez le boulanger, et fort désagréable lorsque le chemin est boueux ; nous ferons notre pain ici, dans le four ! »

Ils mettent leur projet à exécution. Tous les dix ou quinze jours, Paul pétrit la farine, chauffe le four ; Berthe l'aide et fabrique des quiches succulentes, des tartes juteuses. Des effluves alléchants de pain frais et de pâtisserie remplissent la maison.

Comme « Perrette et le pot au lait », le jeune couple rêve... fait des projets...

•••

A la lueur de la lampe à pétrole, un certain soir, Paul se livre à un rite mystérieux. Sur le carreau de la cuisine, il vide un boisseau de blé, et au milieu du tas, verse avec précautions un liquide verdâtre :

- « Attention, tire-toi, Berthe !... C'est du vitriol, je vais « enchausner » ⁽¹⁾ le blé à semer pour le désinfecter. »

Armé d'une pelle, le garde brasse le tas pour l'imprégner ; puis il prend le litre d'eau bénite et trace un grand signe de croix sur la semence.

- « Voilà, demain je pourrai semer... »

Paul prépare encore « la semeuse » ⁽²⁾, large sac de toile lié aux deux bouts en ménageant une ouverture pour glisser la main et prendre le grain.

•••

- « Le printemps est là... Le printemps est là ! » semble clamer un oiseau niché dans le gros cerisier. En fleuriste habile, la nature a paré l'arbre d'une débauche somptueuse de fleurettes blanches.

Paul, aidé de sa mère et de Gabrielle, défriche le jardin. La terre bien reposée est piochée, ratissée. Avec un plaisir évident, Berthe sème et s'occupe des travaux les moins fatigants.

De Guermange et de Vahl, on rapporte des semences, des rejets, des boutures, des touffes de plantes à repiquer. Le jardin remis en ordre, soigné, bichonné, deviendra très productif.

A la Cornée, les champs labourés, scarifiés, bien ensemencés, laissent présager une bonne récolte.

Après sa tournée en forêt ou aux étangs, le garde travaille sans relâche et ne rentre que la nuit tombée.

---

(1) - du verbe enrober pour préserver le blé à semer
(2) - semeuse, comme sur les timbres postaux anciens

∙∙∙

- « Je t'ai rapporté deux chats », dit Paul en rentrant ; il ouvre son sac ; deux boules soyeuses s'extirpent maladroitement du carnier et, méfiantes, fixent craintivement le couple.

- « Qu'ils sont mignons », dit Berthe en les caressant. Elle chauffe du lait, garnit une corbeille d'un lainage usagé et met les chatons dans l'habitacle qu'elle pousse près de la cuisinière. Attendrie, Berthe observe les gentils animaux : le plus petit est une chatte aux yeux verts, au pelage gris strié de noir.

- « Tu seras Griffette ; quant à toi, mon gros, tu t'appelleras Matou », dit la jeune femme, passant ses doigts sur la fourrure noire et blanche.

∙∙∙

Chaque matin, les habitants de la maison forestière sont réveillés par l'aubade des oiseaux. Fin avril, la forêt n'est pas complètement reverdie ; les chênes, toujours attardés, prennent une teinte blonde, douce comme une coulée de miel. Parmi les tendres feuillages, les derniers bourgeons gonflés de sève, prêts à éclater, repoussent leurs écailles ambrées. Les anémones fragiles tapissent le sous-bois ; sur le revers du talus, des violettes dressent discrètement leurs têtes couleur d'améthyste.

Au bord du fossé, les saules secouent la poussière d'or de leurs châtons velus. Affairées, des abeilles, avides de pollen, butinent les primevères et les cardamines de la prairie. Auprès de la mare, les touffes charnues et vigoureuses des renoncules ouvrent leurs coupelles d'or que ne renieraient pas les plus grands orfèvres.

Paul revient de sa tournée matinale avec un gros bouquet de primevères ; ses vêtements, imprégnés des subtiles odeurs de sous-bois, sentent le printemps, la mousse, l'herbe nouvelle.

- « Tiens, voici des fleurs... et mon coeur... », fait-il emphatique.

- « Mais quelles sont ces jolies plantes que tu caches derrière ton dos ? Je n'en ai jamais vues d'aussi belles, d'aussi parfumées ! »

- « C'est un pied de daphné, très rare dans nos régions ; à Guermange nous l'appelons « jolibois » ; son autre nom est saimbois ; nous allons le replanter dans un coin ombragé du jardin.

- « Daphné, saimbois, je préfère jolibois, c'est plus poétique », répond Berthe en embrassant Paul.

- « As-tu entendu chanter le coucou ? »

- « Oui, mais je n'avais pas un sou en poche ; nous serons donc pauvres toute l'année ! »

- « Balivernes ; mais le dicton dit ainsi : à la Saint Marc, qu'il pleuve ou qu'il vente, le coucou chante ! »

- « J'y penserai une autre fois... Pourvu que nous soyons heureux, c'est l'essentiel !. »

...

Berthe ne reste pas inactive et s'occupe de la basse-cour ; une des poules couve, la ménagère l'installe dans une caisse avec de beaux oeufs rapportés de la ferme. Madame Dumont lui offre une cane et six canetons au fin duvet jaune et noir ; encore tout écrasés sur leurs larges pattes palmées, ils paraissent bien maladroits ! Lorsque Paul rentre, Berthe toute heureuse lui fait admirer la jolie couvée.

Devant le courage du jeune ménage, on lui vient en aide. La famille prête l'argent pour acheter une vache et son veau.

Incrédules, les nouveaux propriétaires se rendent plusieurs fois par jour à l'étable ; non, ils ne rêvent pas, la vache tachée de roux rumine paisiblement devant la mangeoire ou bichonne son petit. Etonnée par tant de sollicitude, la bête meugle doucement. Par quelques bêlements intempestifs, Biquette manifeste aussi sa présence... Ah mais ! On ne va pas l'oublier tout de même !

...

- « La couveuse a des poussins, j'en compte douze », dit Berthe heureuse.

Dans la cour, la poule glousse et promène fièrement sa progéniture ; mais, que Paul ou un chat approchent, elle se gonfle, se hérisse et gronde d'un air peu amène, prête à défendre ses petits de son bec solide.

- « Viens, Paul, tu effarouches la couveuse ; regarde, de ses ailes elle couvre les imprudents afin de les protéger. Quelle bonne mère ! », dit Berthe attendrie et pensive.

La poule s'est accroupie dans un coin de mur ensoleillé ; de la tête et du bec, elle pousse délicatement, mais fermement, les retardataires sous ses plumes. Une tête jaune et duveteuse ornée de deux perles noires émerge ; puis à une autre place, c'est une tête rousse qui sort du plumage maternel. La couveuse menaçante ronfle ; Matou, intimidé, s'éloigne prudemment.

Après une semaine, les poussins se fortifient ; madame poule élargit ses investigations et conduit la couvée vers le parc.

Attirée par l'eau, la cane se dirige vers la mare, suivie cahin-caha par les canetons à la démarche claudiquante.

Malheureusement, la ménagère ne pense pas aux buses, aux éperviers et aux « chassereaux » (petits éperviers très vifs), hôtes de la forêt. Les rapaces planent au-dessus de la maison, leurs yeux perçants détectent vite les proies faciles à saisir ; ils survolent, se rapprochent... frôlent le sol.

Le coq et une poule piaillent et se blottissent derrière un fagot. Eperdue, la couveuse rassemble et défend en vain sa couvée. L'épervier pique et fond sur un poussin, enlève dans ses serres puissantes la petite boule jaune, déjà morte de peur.

Alertée par le bruit, Berthe accourt et comprend. La buse emporte sa victime. La ménagère ne sera plus tranquille et, aux moindres cris, elle s'élancera dans la cour.

Même les chats juchés sur la barrière du parc ou perchés sur les gouttières n'effraient plus les prédateurs ; les oiseaux de proie ne s'éloignent pas.

Au bout de quelques jours, quatre poussins ont disparu ; la couveuse, affolée, refuse de sortir du poulailler.

Berthe désolée, assemble deux rames en croix pour fabriquer un épouvantail qu'elle habille d'un pantalon, d'une veste mitée et coiffe d'un feutre verdi. La ménagère bourre les vieux vêtements de paille, de chiffons et plante son chef-d'oeuvre au milieu de la cour.

A la vue du mannequin, les chassereaux méfiants, tournoient autour de la maison, volètent et se retirent prudemment vers la forêt.

La trêve dure plusieurs jours ; mais les éperviers éventent l'astuce : ce bonhomme figé, à la même place semble inoffensif ! La vache lâchée dans le parc et les cabrioles de la chèvre n'intimident plus les rapaces. Berthe ne sait que faire. Il lui reste cinq poussins ; un caneton est enlevé sous ses yeux.

Quand le garde rentre à la maison, sa femme lui raconte ses ennuis :

- « Demain, j'irai chercher la chienne à Zommange, Raymond dit qu'elle est déjà bonne gardienne. Je vais installer une niche au coin de la maison ; de cette façon, le chemin et l'arrière de la maison seront surveillés. »

...

Le jour suivant, Paul amène l'animal, c'est un brave corniaud, un bâtard au poil roux et soyeux, qui tient de l'épagneul et du berger allemand. Berthe caresse doucement son nouveau compagnon ; une pointe d'amertume traverse son esprit au souvenir de Boris.

- « Elle s'appelle Diane. »
- « Diane... », répète doucement la jeune femme, « Diane ?... »

Les bons yeux fidèles de la chienne vont, interrogateurs de l'un à l'autre et n'attendent qu'un signe, un ordre pour obéir.

- « Quand tu partiras, tu me laisseras Diane, je serai plus rassurée. »

La chienne comprend, se couche aux pieds de Berthe et lui lèche les mains.

- « Viens mon chien, tu auras ton premier repas à la maison », dit la ménagère.

Matou et Griffette, eux, ne sont pas tout à fait d'accord et refusent d'accueillir l'intrus ; ils se hérissent, crachent, toutes griffes sorties.

Paul doit mettre les pugilistes dehors, tandis que Diane gémit et se serre contre sa nouvelle maîtresse.

- « Il faudra bien vous supporter », dit le garde en riant.

Avec beaucoup de patience, Berthe assagira les ennemis : mais ils se toléreront, sans plus. Matou et Griffette passeront plus d'une fois auprès du chien, la queue haute, l'air dédaigneux, mais ne se priveront pas de lui envoyer traîteusement un coup de griffe. Diane grogne et se contente de montrer sa puissante mâchoire.

Depuis que Paul tuait quelques éperviers et que Diane courait autour de la maison, les oiseaux de proie fréquentaient moins les parages.

- « Si tu veux, Paul, tu me feras un petit abri grillagé pour que les derniers poussins et les canetons puissent venir manger sans être dérangés ; j'y mettrai de l'eau et de la nourriture à volonté. »

- « D'accord, ce sera prêt ce soir. »

Berthe, plus tranquille, vaque à ses occupations lorsque Diane aboie furieusement.

- « Que se passe-t-il encore ? » songe la ménagère en se précipitant vers la prairie.

La vache lâchée dans le parc ne supporte plus les facéties de Biquette. D'humeur belliqueuse, la chèvre piétine l'herbe tendre. Les deux mâtines s'affrontent à coups de cornes devant Diane impuissante. Au paroxysme de la colère, le bovidé et le capridé, têtes baissées, les flancs battants, s'élancent l'un contre l'autre, reculent, avancent, et ne se séparent que totalement épuisés. Ce n'est pas toujours la vache qui sort victorieuse de la bataille ! Il faut parfois prendre le fouet pour séparer les animaux furieux.

...

Cependant, la tranquillité n'est qu'apparente dans la basse-cour. Malgré les allées et venues autour de la maison forestière, les poules sont en danger. La couveuse aime gratter en bordure de forêt ; mais dans la haie touffue, deux yeux brillants guettent. Patiente, tassée sur elle-même, immobile, la bête fauve ne fait aucun bruit.

En tête de sa couvée, la poule glousse, picore, appelle ses poussins ; soudain, le renard se détend comme un ressort, bondit sur la couveuse, la saisit par le cou et l'entraîne dans son terrier.

Les poussins éparpillés piaillent ; le coq et la dernière poule mènent grand tapage. Le tumulte attire Diane suivie de Berthe ; elles retrouvent quelques plumes ensanglantées. La chienne flaire et suit une trace qui se perd dans les ronciers. Berthe abandonne ses recherches ;

- « Pas de chance, ma pauvre Diane ; il faudra prendre soin des derniers poussins, ils sont orphelins ; » dit la ménagère fort déçue, les larmes aux yeux.

Clémence et Gabrielle viennent, aider le jeune ménage. Elles resteront à la maison forestière jusqu'à la naissance du bébé.

Gabrielle entrera au Carmel de Metz ; mais, selon sa promesse, elle attendra que Berthe soit complètement rétablie.

Avec orgueil, la jeune femme montre le jardin si bien entretenu où les salades et les légumes poussent dans les planches bien alignées.

Berthe, ingénieuse, a planté des bâtons ornés de rubans multicolores pour déchasser les moineaux gourmands et protéger les jeunes semis de la voracité de la gent ailée.

- « Mais les oiseaux éventent très vite l'astuce ; il faut trouver autre chose pour les éloigner », soupire la ménagère.

Gabrielle s'exclame en riant :

- « C'est la raison de cette ficelle où pend une pomme-de-terre garnie de plumes ? »

- « Oui, pendant quelques temps, les oiseaux penseront à un épervier !... Regardez, les vrilles des pois s'agrippent déjà aux rames, s'y attachent. »

Gabrielle et Clémence admirent les arbres fruitiers. Dans le cerisiers défleuri, une multitude d'oiseaux chanteurs, d'insectes affairés se cherchent un domicile.

Le pommier et le poirier ouvrent leurs fleurs roses et blanches aux parfums subtils. Sur la façade de la maison, la vigne s'accroche, file sur son treillage, pressée d'attraper l'angle du mur. De l'autre côté de la porte d'entrée, un rosier grimpant entrouve ses boutons charnus.

- « C'est magnifique ; et comme ça sent bon ! », s'écrient les visiteuses ; elles contemplent au loin les tourelles mystérieuses du château d'Alteville.

Perdue dans une légère brume, la presqu'île de Tarquimpol ressemble à un mirage ; plus près, au fond du grand parc, la ferme trapue aux toits rouges rutile sous le soleil.

- « On voit même le coin de l'étang de Lindre se confondre avec le bleu du ciel », s'extasie Gabrielle.

- « Venez, entrons goûter à la maison. » Les femmes s'installent...

Clémence, en mère attentive, s'inquiète :

- « As-tu vu la sage-femme, Berthe ? »

- « Il y en a une à Viller, elle habite la ferme bâtie dans la forêt entre Assenoncourt et Desseling [1]. C'est proche, j'irai la prévenir, elle se déplace en calèche », dit Paul, revenu de sa tournée.

•••

Malheureusement, les puces qu'on croyait éliminées reviennent en nombre ; elles sortent des planchers, suivent les plinthes.

Les gens de la maisonnée se désolent, ne sachant que faire pour enrayer la prolifération des parasites. Paul consulte un droguiste et rapporte un produit nouveau.

Tous se remettent au travail, lavent, brossent, désinfectent et parviennent à se débarrasser des bestioles importunes.

Avec les chaleurs de l'été, d'autres ennuis surviennent : les moustiques envahissent la maison. Le soir venu, les indésirables « cousins », arrivent par vagues susurrantes, se collent aux plafonds, bruissent autour des lampes, se posent sur le visage, les mains, harcèlent gens et animaux. A la nuit tombante, il faut fermer soigneusement portes et fenêtres ou éteindre la lumière,

---

(1) - actuellement il n'en reste que des ruines envahies par les ronces et les épines.

sinon « la nuit sera blanche ». La musique irritante des insectes avides de sang, obsède les dormeurs. Les minuscules anophèles s'insinuent partout, même sous les draps.

- « Quand j'entends leurs bruissements, je me sens les nerfs en dents de scie », ronchonne Paul, étouffant sous le drap qu'il a tiré sur son visage.

...

En ce mois de juin 1919, le temps très beau et sec se prolonge ; pas une goutte d'eau pour rafraîchir l'atmosphère.

Paul travaille sans relâche, bientôt il sera père ; il se réjouit :

- « Une responsabilité de plus ; mais quel bonheur ! »

A la pointe du jour, le garde part en tournée, le soir il se rend aux champs.

Dans la maison, les femmes coulent la lessive et remarquent le trouble de l'eau de la pompe.

- « Il faudra chercher de l'eau à la source de Marinville, nous ne pourrons plus nous servir de celle-ci pour boire ou faire la cuisine », se désolent les ménagères.

Le soleil est impitoyable.

Une semaine passe...

La pompe à roue ne remonte plus qu'un mince filet d'eau jaunâtre.

- « Plus d'eau !, gémit Berthe. Qu'allons-nous faire, Paul ? »

- « Pour la vache, la génisse et les animaux de basse-cour, ça peut encore aller. Quand je serai à la maison, je mènerai la vache et la chèvre au ruisseau ou à l'étang. De la source je rapporterai l'eau pour notre consommation.

Je vais scier un tonneau, je l'installerai sous la gouttière pour recueillir de l'eau de pluie... Ce temps exagérément lourd et chaud provoquera des orages ! Viens Diane, nous allons à la Cornée, le foin sera sec pour ce soir, il faut le mettre en tas. »

Pendant plusieurs jours, le garde conduit la vache, la génisse et la chèvre à l'étang pour les abreuver. En cours de route, les bêtes folâtrent ; mais aussitôt qu'elles arrivent dans l'eau, elles ne se pressent plus d'en sortir. Diane aboie, nage derrière les animaux récalcitrants. Quand la vache arrive sur la berge, la chèvre refuse de sortir du bain. C'est parfois difficile de rassembler le petit troupeau tout émoustillé par la baignade.

Des taons, des guêpes, s'attaquent aux flancs des bêtes. Taraudées par les dards venimeux, elles s'émouchent et remontent la colline au pas de course. Paul s'énerve et peste...

La vache, la queue en trompette, se précipite à l'étable suivie de la génisse... La chèvre bêle, cabriole dans la cour ; avec son poil épais et rêche, elle ne craint pas le rostre des mouches.

Un jour, Paul, à bout de souffle déclare résolument :

- « Ca ne peut pas durer avec ce puits toujours à sec ; il n'est pas assez profond. J'en parlerai au patron ! »

Avec un courage à tout épreuve, Gabrielle descend la colline pour rincer du linge à la source, puis elle rapporte de l'eau fraîche à la maison. Mais c'est loin... Un faux pas, et lorsque la jeune fille arrive, le seau est à moitié vide.

Dans le potager, les légumes flétrissent ; la terre crevassée et assoiffée ne peut plus les nourrir. Des roses avides de fraîcheur, penchent leurs têtes lassées et s'effeuillent. Le cytise languissant, perd ses pampres d'or.

De l'eau, de l'eau... Il faudrait de l'eau !

Le soleil n'arrête pas de flamber et achève de dessécher le sol.

...

Cependant, après une journée étouffante, le ciel devient orageux. Un merveilleux coucher de soleil semble narguer les petits nuages gris qui moutonnent dans le ciel. Mais, des nuées s'avancent, s'enflent, grossissent, s'amalgament... Au milieu de la nuit, l'orage éclate brusquement. Poussés par un vent violent, les nuages s'affrontent se bousculent.

Des éclairs illuminent la campagne, trouent la forêt ; la maison vibre sous les craquements du tonnerre.

Diane réfugiée dans l'entrée, se couche sur la brique rouge ; pose sa tête sur ses pattes, ses flancs battent et frémissent à chaque déflagration.

Dehors, la tempête souffle en rafales, les volets, les portes grincent.

Propagés par l'écho de la forêt, les éléments s'affrontent avec un bruit terrifiant. La pluie déferle sur le toit claque sur le feuillage des arbres. La maison forestière ressemble à une minuscule bouée ballottée par la bourrasque.

La famille du garde s'est levée et habillée. Berthe tient sur ses genoux un paquet de vêtements, de langes et de brassières.

Paul et les trois femmes se taisent, écoutent la clameur de l'ouragan déchaîné. Illuminés par les éclairs, les visages tendus sont graves. Diane affolée, vient se réfugier aux pieds de ses maîtres.

Sans se départir de sa sérénité, Clémence égraine son chapelet auprès d'une bougie de la Chandeleur qu'on vient d'allumer. Assise devant une statuette de la Vierge, Gabrielle reste impassible. Paul prépare une lampe tempête, pour le cas où il faudrait lâcher les bêtes...

Heureusement, l'orage perd de sa violence et s'éloigne ; les hurlements de la tempête se calment...

Paul se rend à l'étable, y jette un coup d'oeil, puis gagne le seuil de la maison. L'ondée crépite toujours sur le toit, les chénaux ne peuvent plus dégorger l'eau et débordent en cascades :

- « Voilà une bonne averse, un peu trop brutale, mais elle sera bienfaisante et il y aura de l'eau pour les animaux. Le jardin sera bien arrosé, toute la végétation en profitera », dit le garde avec un soulagement évident.

Derrière les volets, on ouvre les fenêtres après avoir soigneusement éteint les lumières, sinon gare aux moustiques ! Une bonne odeur de terre mouillée refraîchit la maison. Des senteurs de sainfoin, de chèvrefeuille et de lilas s'insinuent dans le logis.

- « Ouf, on respire mieux ! »

Rassérénés, tous regagnent leurs lits.

•••

Aux premières lueurs de l'aube, l'averse transformée en bruine diaphane, nimbe la forêt d'une lumière fluorescente, presque irréelle. Tendues vers le salut, les feuilles des arbres se sont défrippées. Les moineaux, sur le bord du toit, s'égosillent et secouent leurs plumages emperlés de rosée. Battues par la pluie de la nuit, les plantes du potager se redressent, pleines de vie.

Les vapeurs tièdes de la terre assouvie, exhalent des parfums suaves et fruités d'églantines et de fraises des bois.

L'abreuvoir, le tonneau et la cuve remplis d'eau de pluie incitent les ménagères à faire la lessive.

- « Plus besoin d'aller rincer au ruisseau » se réjouit Gabrielle.

Dans la cour, les canetons battent des ailes, s'ébrouent d'avant en arrière comme pour se tremper, puis, d'un bec alerte, lissent leurs plumes naissantes.

- « Vous ferez attention aux renards, c'est souvent par ce temps que les bêtes sauvages chassent ! », dit Paul en partant vers Lindre. Tandis que les femmes vaquent à leurs occupations, Berthe avec tendresse, prépare et coud quelques fines lingeries. Un léger bruissement attire son attention, elle se lève avec un cri d'horreur.

Un énorme cerf-volant, ses mandibules cornues en avant, déambule sur le plancher de la chambre.

Clémence et Gabrielle accourent :

- « Que t'arrive-t-il ? »

- « Là, regardez ! »

Sans se presser, le lucane à la carapace noire et brillante continue sa progression impassible.

- « Oh, il est inoffensif, ne le tuez pas ; je vais chercher une pelle et un balai et je l'emporterai en forêt », plaide Gabrielle.

Pourtant, au bout de quelques jours, l'insecte repoussant réapparaît. Cette fois, l'indésirable visiteur se promène sur le carreau de la cuisine.

- « Il aime la compagnie », ironise Gabrielle.

- « C'est le diable en personne, il me fait peur ! » gémit Berthe.

- « Attends, je vais le perdre dans la tranchée, au milieu du bois »

Malgré cette précaution, le lucane revient de temps à autre, fait le tour du plancher ; la famille, habituée à l'importun, le laisse évoluer et le remporte chaque fois dans la forêt.

- « Il se plaît bien ici », dit Gabrielle, s'apprêtant à remporter l'intrus.

- « Viens, mon gaillard... Ce sera une promenade pour moi », ajoute-t-elle, souriante.

Partie en chantonnant, Gabrielle tarde à rentrer...

- « Elle s'est égarée dans un fourré », s'inquiète la mère...

- « Mais, non tiens, la voilà. Elle débouche du sentier », la rassure Berthe.

- « Il ne fallait pas vous tracasser : dit la jeune fille toute rose et émue, devinez ce que je rapporte ? »

Triomphante, elle exhibe un gros bouquet de muguet artistement bordé de feuillage.

Clémence et Berthe respirent avidement le parfum des clochettes laiteuses.

- « Vous voyez comme le Créateur a fait de belles choses ! », s'exclame la future moniale.

- « C'est peut-être la dernière fois que je suis allée au muguet mais, dans mon couvent, je penserai à vous, à la Breite. Si vous voulez, nous allons offrir mon bouquet à la Vierge Marie, devant la statue que tu as là, sur le guéridon. »

Les pensées de la jeune fille voguent déjà vers des sphères célestes...

•••

Le temps s'est remis au beau.

Aux abords du ruisseau, Paul d'un geste large et rythmé, fauche le pré de Marinville. La faux crisse. L'herbe se couche en larges audains odorants. De temps à autre, le faucheur redresse le torse, essuie son front où perle la sueur. D'une corne pendue à la ceinture il sort une pierre à affûter qu'il passe à grands coups, sur l'endroit, sur l'envers de la lame. Il se hâte, ses pensées convergent vers la maison...

A sa dernière visite, la sage-femme a dit que « ce serait pour la semaine prochaine ».

- « Est-ce ma faux qui ne coupe pas ? Je n'ai vraiment pas le coeur à l'ouvrage ? » Soliloque le garde. Il s'arrête un instant, inspire profondément, retrousse ses manches, affûte de nouveau son outil... Passe un doigt expert le long de la lame tranchante.

- « Encore quelques tours puis j'irai déboucher le barrage ; je rapporterai aussi de l'eau de la source. »

Il continue son fauchage. Le foin tombe... Des sauterelles et des rainettes fuient en tous sens, tandis que les légers papillons bleus de l'été voltigent de silènes roses en marguerites.

- « Le soleil est très haut, bientôt midi » ; songeur, Paul tire sa montre de son gousset. A grands pas, le garde se dirige vers le barrage. Aidé d'un crochet il retire les laîches et les roseaux. Un bouillonnement jaillit, l'onde libérée fuit le long des rives.

A pas pressés, le faucheur remonte vers sa demeure. Sur son passage, des martins-pêcheurs aux aguets sur les branches des saules disparaissent dans un chatoiement de plumes bleues et vertes.

Des libellules aux ailes transparentes, planent au-dessus de l'eau. Dans un rayon de soleil, des moustiques et des moucherons dansent un ballet éperdu.

Un banc de poissons argentés glisse au fond du ruisseau. Des grenouilles plongent et se dissimulent dans les roseaux.

Mais aujourd'hui Paul ne voit rien de toute cette faune aquatique qui, d'habitude l'intéresse tant !

A la source, Paul remplit sa bonbonne d'eau fraîche, puis s'asperge largement.

Midi sonne au clocher d'Assenoncourt...

Sur le pas de la porte, Berthe attend son mari. Diane part comme une flèche à la rencontre de son maître, tourne autour de lui, cabriole, ne sait que faire pour lui témoigner son affection.

Gabrielle, toute joyeuse, la chatte dans ses bras, revient du jardin.

- « Quand je serai religieuse, je n'oublierai jamais cette maison... Admirez l'aubépine rouge, c'est un bouquet royal arrangé par le Grand Fleuriste. La tonnelle du jardin croule sous le poids de ses grappes de roses ; les anges sont certainement venus la parer pour qu'elle soit si belle ! »

Une lueur de tristesse glisse sur les yeux fatigués de Clémence ; mais cette mère offre tout au Ciel. Elle reste sereine.

- « Tu ne vois que la beauté, Gabrielle ! Mais l'envers du décor existe », dit Paul qui arrive et embrasse les trois femmes ; il poursuit sa pensée :

- « C'est la belle saison, le chemin est praticable. Les près, les talus, sont tapissés de fleurs. La forêt est une cathédrale de verdure où les oiseaux chantent. Le soleil brille, fait éclater la joie de vivre.

Mais quand l'hiver s'installe, la campagne tombe en léthargie... On ne rencontre plus que les bûcherons dans les coupe, quand il ne fait pas trop mauvais pour travailler! La pluie transforme le chemin en bourbier. Même le facteur hésite à venir et se risque seulement s'il apporte une lettre. Je ne peux exiger qu'il monte la colline chaque jour pour déposer le journal !

Lorsqu'il neige, quand la bise souffle, nivelle les terrains et ramasse d'énormes congères, nous sommes coupés du village. Nous ne voyons plus que la fumée qui sort du toit encapuchonné de la ferme. Nous n'entendons plus que des bruits assourdis : un hennissement, venu des écuries à l'heure des ouvrages, quelques aboiements.

Tu as raison Gabrielle, « les yeux du coeur » ont toujours de belles choses à voir. Il faut savoir admirer cette terre endormie.

Parfois c'est une harde de sangliers affamés qui traverse le parc, la course gracieuse d'un cerf altier, suivi de ses biches, le glapissement d'un renard en quête d'une proie, le glissement silencieux d'une fouine ou d'un putois aux pelages soyeux.

Les oiseaux viennent demander quelques miettes ou un peu de saindoux : les plus hardis, rouges-gorges et mésanges, frappent aux carreaux. C'est aussi, le départ et le retour des migrateurs...

Tant de choses qui réjouissent l'âme, nous paient de cette vie recluse, un peu surannée.

Et puis, la chance d'avoir de très bons amis, à la ferme et au village ! Quand il ne fait pas trop mauvais, ils montent pour la veillée. Une joie profonde, une joie chaleureuse préside à ces petites assemblées.

Un éden, si ce n'était ce chemin et ses énormes fondrières où l'on glisse et s'enlise ; ce chemin qui nous éloigne du boulanger, de l'épicier et de tous secour ! »

Septième partie : DES YEUX QUI S'OUVRENT

Le mois de juin est à son apogée...

Paul termine la fenaison... Après une journée torride, le couple se couche à la tombée de la nuit.

Toute la maisonnée dort lorsque Berthe appelle.

- « Je crois qu'il faudrait chercher la sage-femme ».

Fébrile, Paul muni de la lampe tempête, court à toutes jambes à travers les champs et la forêt.

Clémence ne reste pas inactive, elle allume les lampes et quelques bougies, puis met chauffer de l'eau, prépare des draps, des langes à la hâte.

C'est au coeur de cette nuit qu'une petite fille voit le jour. Le poupon bien emmailloté est déposé dans les bras de sa mère ; émue, elle demande qu'on approche une lampe pour mieux admirer son enfant.

Toute la famille se réjouit et rend visite à la jeune accouchée. Les amis d'Assenoncourt gravissent la colline pour féliciter les parents. En bons voisins, les fermiers arrivent les premiers. Théophile, un ami, vient du village pour complimenter les parents :

- « Pardonnez-moi, je suis seul, car mon épouse aussi, sera bientôt mère ! Une autre naissance est attendue dans une famille de la commune. Dans vingt ans, nous fêterons trois nouveaux conscrits ».

•••

Le baptême de Madeleine aura lieu le jour de la Fête-Dieu. Raymond et Gabrielle seront parrain et marraine.

Le dimanche arrivé, c'est jour de fête à la maison forestière ; le soleil caresse la futée. Les oiseaux profitent de l'inattention générale pour piller le cerisier ; ils arrivent de toutes parts.

Nul ne songe à les chasser !

Bichonnée pour l'évènement, la calèche de Monsieur Dumont emporte la famille à travers les champs parfumés de trèfle et de sainfoin. Le cheval, tout fringant, fait tinter ses gourmettes et prend le trot. Sous la brise légère, les blés ondulent, se teintent de couleurs moirées. Les bleuets, les marguerites, les coquelicots, fleurissent le long du chemin, là où les sarcloirs les ont épargnés.

Eugénie, la grand'mère paternelle, accompagne ses fils. Depuis son veuvage, elle est toujours vêtue de noir. Pour la cérémonie elle a coiffé ses cheveux d'une « frileuse », [1] ornée de chenilles de velours qui tremblotent au moindre mouvement. Un large ruban de satin noué sous le menton retient le chapeau. Gabrielle, charmante dans ses atours, a toujours un faible pour la capeline de paille souple qu'elle porte avec plaisir.

La marraine serre dans ses bras le bébé endormi ; de ses lèvres, elle effleure le petit visage enfoui sous

---

(1) - petite capuche ronde

un bonnet de dentelles. Habillée d'une longue robe de baptême en fin linon blanc, garnie de broderies anglaises, l'enfant ressemble à une poupée en tenue de gala.

Le parrain pensif regarde la délicate parure de sa filleule et se souvient : son fils André la portait quelques années auparavant. Raymond songe à Marie, sa femme, enceinte, elle aussi :

- « Je voudrais bien avoir une fille, nous aurions la paire, ce serait une chance ! »

Les reposoirs, les rues jonchées de fleurs, donnent un air de fête au village. Alertes, des femmes emportent les chandeliers, plient les draps brodés et les nappes précieuses qui garnissaient les autels en plein air. Les toiles anciennes, aux entre-deux de dentelles arachnéennes, aux entrelacs de majuscules, vont regagner les armoires en attendant d'autres cérémonies.

C'est dans ce décor de liesse religieuse, qu'en l'église paroissiale, on baptise Madeleine.

Gabrielle, attendrie et rêveuse, tient sa filleule sur les fonts baptismaux ; les pensées de la douce marraine voguent vers des sentes célestes : elle prie pour ceux qu'elle aime, pour la filleule qu'elle serre sur son coeur.

Sur le perron de l'église, les enfants impatients, attendent la fin du baptême ; les plus hardis poussent les vantaux de la porte, glissent un oeil à l'intérieur de l'édifice pour savoir où en est la cérémonie, trop longue à leur gré. Ils se bousculent, se chamaillent, tirent les tresses des filles, les taquinent.

- « Les voilà », crie un petit futé.

Les enfants se précipitent. Les plus forts, les plus malins, se remplissent les poches, tandis que les petits ou les timides arrivent toujours trop tard et ne ramassent qu'un maigre butin ou quelques sous dédaignés par les grands. Raymond et Gabrielle, émus par le manège, font mettre les enfants en rangs et distribuent les bonbons dans les mains tendues.

- « C'est beaucoup mieux ainsi », dit Raymond.

- « Quand je pense qu'étant gamins, nous ramassions parfois les dragées dans les caniveaux ou au bord des fumiers ! »

- « De cette façon il n'y aura pas de défavorisé », constate Gabrielle, satisfaite. Avec une infinie tendresse, elle contemple sa petite nièce, puis les enfants comblés qui se dispersent vers leurs demeures.

En bon agriculteur, Monsieur Dumont secoue du pied les feuillages qui jonchent encore la rue où s'étirait la procession ; doctoral, il articule :

- « Comme les « trimazas » [1] de la Fête-Dieu sèchent, ainsi séchera la fenaison ! En route les amis, nous rentrons à la Breite ».

Un bon dîner attend la famille réunie...

- « Et voilà la nouvelle baptisée », dit Gabrielle en tendant le bébé à la mère qui ne se lasse de le couvrir de baisers.

Le nourrisson, dérangé, réclame son biberon... Gabrielle s'empresse ; la petite bouche goulue, comme une ventouse, agrippe la tétine sans se faire prier. Berthe, trop affaiblie, n'a pas le droit d'allaiter son enfant !

Le repas se termine dans la joie et l'euphorie ; Berthe, un peu attristée pense aux jours à venir :

« Je serai seule, et je ne suis pas bien solide »...

Gabrielle devine les pensées de la jeune mère :

- « Rassure-toi, Berthe, je resterai auprès de vous jusqu'à ce que tu sois rétablie... »

•••

Plusieurs semaines s'écoulent ; deux autres enfants naissent au village : Florent et Rénée.

Une coutume ancestrale interdit de sortir un nouveau

---

(1) - lianes, branchages

né hors du toit familial avant les six semaines révolues. Qui oserait enfreindre cette tradition superstitieuse ? Berthe se soumet donc à cette interdiction.

Mais, « relevée de ses couches »[(1)], elle reprend ses activités, sort sa fille chaque jour, l'emporte avec elle dans les champs de la Cornée.

Bien couverte, Nénêne (diminutif donné à Madeleine), est déposée à l'ombre d'un grand chêne. Soigneusement, la mère recouvre le couffin d'osier d'un léger voile pour protéger l'enfant des insectes.

Diane, la tête posée sur ses pattes, ne quitte pas le bébé des yeux, le surveille attentivement. Si quelque choses semble anormal, la bonne gardienne gémit et court pousser de sa truffe la main de sa maîtresse. La jeune mère lâche son outil, se précipite ; c'est parfois une mouche au bourdonnement sonore, ou un oiseau trop curieux. Berthe chasse les importuns et, d'une caresse, rassure la chienne qui reprend sa faction.

...

Un automne brumeux, cède la place à un hiver pluvieux et froid. Du ciel gris tombe une bruine triste et ténue. Une humidité sournoise imprègne les vêtements les plus chauds, glace les imprudents qui osent la défier.

Dans la forêt silencieuse, les arbres laissent glisser sur leurs branches dénudées de larges gouttes ; elle pleure sa splendeur estivale, ses larmes dégoulinent et tombent sur le sol avec un bruit mat, un flic-flac monotone.

Une eau boueuse ruisselle dans les sillons des derniers labours. Les profondes ornières du chemin débordent et le transforment en marécage gluant, propre à décourager le plus chevronné des amateurs de plein air.

La pluie clapote sur le toit, se déverse dans la

---

(1) - les six semaines après une naissance.

gouttière avec un murmure nostalgique. Mais, dans la maison forestière il fait doux... un bon feu pétille dans le fourneau de fonte noire, aux dessins ajourés.

Berthe ne sort plus guère de la maison, sa fille et son ménage l'occupent suffisamment ; elle ne craint pas la solitude.

Paul se rend seul à l'office dominical ; pour rien au monde, il ne voudrait manquer sa messe du dimanche : mais aussi, sa partie de quilles avant midi.

Quand le temps le permet, des amis viennent du village ou de la ferme pour passer la veillée à la maison forestière.

Quelle sympathie unit ces amis rassemblés autour de la table ronde, sous le halo lumineux de la grosse lampe à suspension ! Quelle gentillesse se dégage de tous ces coeurs simples et sans détours ! Comme ils sont heureux dans la chaude ambiance de ces humbles soirées ! Puissance ou richesse ?... C'est bien peu à côté d'un bonheur tout pétri de sincère amitié, sans calculs sordides, où l'envie et la jalousie n'existent pas !

Parfois, les hommes jouent aux cartes, se livrent à des concours endiablés. La partie terminée, ils évoquent des histoire invraisemblables survenues à leurs aïeux et qu'on se raconte de bouche à oreille : les anecdotes concernant la sorcellerie (la Haute-Chasse) ont souvent la priorité. Ah, ces contes à faire dresser les cheveux sur la tête, comme les veilleurs aiment les enjoliver !

- « C'était le bon temps ! Souviens-toi Paul, quand nous allions glisser sur l'étang de Lindre ? Il gelait à pierre-fendre, la bise soufflait. Munis d'un bâton armé d'une grosse pointe, nous partions avec nos sabots fraîchement cloutés. La glace crissait sous nos pas. Poussé par le vent, un fin névé s'élevait, nous fouettait le visage, nous mordait le nez. Sous le passe-montagne nos oreilles nous faisaient mal ; nous n'y prêtions pas attention. C'était à qui décrirait les plus belles arabesques, à qui filerait le plus vite ! Sous l'effet du froid, l'immense surface gelée craquait, se fendait en longues estafilades.

Répercutée par l'écho des alentours, une plainte stridente s'élevait. On disait alors que « la glace hurlait » ; les plus lourds chariots pouvaient alors traverser l'étang sans crainte.

Quand midi sonnait aux clochers des environs, nous rejoignions parfois un parent ou un ami bûcheron qui travaillait en forêt. On se glissait autour du grand feu de branchages. Bien abrités par le paillasson, on dégustait, les pommes-de-terre cuites sous la cendre et « les chons » (tranches de lard rôties) grésillants. Parfois même, un morceau de saucisse, sorti tout rose de dessous les braises, complétait ce festin de roi. Le repas terminé, on s'en léchait encore les doigts. Religieusement, comme les ancêtres, on essuyait le couteau sur le bas du pantalon et immobile, on regardait les flammes danser et se tortiller sous le souffle du vent.

Peu farouches, des pinsons, des mésanges, de minuscules roitelets, sautillaient tout près de nous pour ramasser les miettes de notre repas.

Le nez et les oreilles dégelés commençaient à nous brûler. Nous étions aussi rouges que les gratte-culs [1] de la haie.

Bien souvent, autour de ce feu, les jeunes gens inventaient les « bons tours » à jouer pendant le carnaval : « la cuisine » pour les grincheuses ou les méticuleuses qui devront nettoyer et tout remettre en place ; mais surtout, on parlait des « fechnattes » [2] avant de rentrer tout joyeux au village. »

- « Le jour des Fechnattes ? Raconte Paul ! »

- « Cette soirée mémorable se déroulait le « dimanche gras »... Pour cela, en grand secret, les jeunes gens dressaient une liste, souvent fantaisiste, de garçons et de filles qui pourraient se marier dans le courant de l'année.

La nuit tombée, tous les jeunes hommes se

---

(1) - akènes, fruits de l'églantier.
(2) - coutumes ancestrales.

réunissaient sur la place du village ; certains avaient de vieux chassepots et grimpaient sur la muraille du Parterre.

Derrière leurs volets clos, tous les villageois étaient à l'écoute. Quelques coups de fusils prévenaient que la satire, parfois amusante, allait commencer. Le silence s'établissait, tandis qu'une voix forte s'élevait :

- « Je donne... je donne »...

Une autre voix reprenait :

- « A qui tu donnes ? »

- « Je donne Marie X à Jean Y... »

Des rires éclataient, des applaudissements crépitaient et les fusils pétaradaient ; mais si la jeune fille n'était pas d'accord, elle criait très fort « Je le brûle... je le brûle ! ». De nouveau la voix reprenait :

- « Je donne, je donne »... Ainsi de suite, jusqu'à la fin de la liste. La diatribe se terminait par une salve de coups de fusils et des chansons ; puis la bande se dispersait. Dans les maisons, jeunes et moins jeunes riaient et discutaient longuement.

Le dimanche suivant, « les promises des fechnattes », offraient « des poils épicés » [1] à celui qui leur était attribué.»

La veillée se poursuit, les amis changent de sujet :

Sans méchanceté, les potins des alentours sont répertoriés, simplement pour le plaisir de faire rire !

- « Paul, toi qui est de Guermange, connais-tu l'histoire du berger et de son lièvre ? »

- « Oui ! »

- « Et celle du cantonnier dont la femme refusa toujours de s'asseoir dans un fauteuil, parce que son mari ne lui avait pas acheté une « bergère » [2] pour s'étendre ? »

---

(1) - petits beignets ronds qu'on fabriquait pour l'occasion
(2) - genre de fauteuil

- « Non, raconte, Lucien ! »

- « Vous n'ignorez pas que la mère Alfred aimait boire un petit coup de temps à autre. Un jour, la bonne-femme tombait gravement malade et priait son mari d'appeler le prêtre pour lui administrer les derniers sacrements. Tout se passait pieusement, mais la cérémonie terminée, tandis qu'une voisine complaisante éteignait le cierge bénit, une voix enrouée s'élevait du fond de l'alcôve, interpelait le mari : « Hé ! dis Alfred, le Bon Dieu à soif ! »

On rit gentiment des singularités ou des petits travers de chacun :

- « Dans quelques mois nous aurons le plaisir de voir la mère « Bian-Bénal » (du Blanc Bénal) sortir de sa « pouilleure » [1].

Dénuée de tout, Catherine Bian-Bénal vit dans une masure d'une seule pièce. La pauvreté a sa fierté, Catherine refuse toute aide : pour vivre, elle a ses poules, c'est son bien. Mais il faut loger et abriter les volatiles pour la nuit et par mauvais temps. Que faire ? Une solution s'impose à la brave paysanne :

Entre la cuisinière bancale et son lit, Catherine installe un perchoir pour loger ses volailles... Elles font bon ménage et se tiennent compagnie. Aux premières lueurs de l'aube, bien avant l'angélus, maître coq réveille la chambrée de ses cocoricos sonores : pas besoin d'horloge ! »

Par temps propice, la mère Bian-Bénal sort sa basse-cour. Les poules s'égaillent dans les ruelles en quête d'un vermisseau, d'un tendre brin d'herbe ou d'un crottin frais, tout fumant.

Quand la moisson est rentrée, Catherine se hâte dans les chaumes et, le dos courbé, glane à longueur de journée sous le soleil torride. Elle enserre les épis cassés dans son large tablier, puis les glisse dans un

---

(1) - poulailler.

sac ; un agriculteur complaisant lui rapportera sa gerbe aux glanes bien ordonnées et son sac plein à craquer.

...

- « Eh, bien, je vais vous raconter une histoire toute fraîche, qui nous est arrivée lorsque nous pêchions dans le petit étang de Lansquenet, près de Rohrbach, dit Paul, les yeux pétillants.

Le travail terminé, les filets repliés, les gardes Mathieu, Raymond et moi, ainsi que tous les pêcheurs, nous sommes allés nous restaurer à l'auberge de la localité.

Très aimable, la patronne de l'établissement nous offrit des « sardines » de sa confection faites avec des goujons attrapés au déversoir.

- Goûtez les amis, c'est très bon... Il faut un pot de grès... du vinaigre... du sel...

La brave aubergiste nous débitait sa recette, pendant que sans sourciller nous goûtions « les sardines ». Ah mes amis ! Sous les yeux de l'hôtesse, je m'efforçais de manger sans faire la grimace.

- C'est bon, hein ?

- Oh oui ! répondait Mathieu, buvant après chaque bouchée avalée péniblement.

- Oh oui, c'est vraiment bon, renchérissait Emile en clignant de l'oeil à son voisin. Il parlait... parlait et glissait subrepticement les fameuses sardines au fond de sa poche.

En sortant de l'auberge ce fut un éclat de rire général ; mais, de longtemps, je ne mangerai plus de sardines ! »

Tous rient de bon coeur.

Avant de quitter la maison forestière, les amis prennent un vin chaud, cassent des noix, croquent des pruneaux ou mangent des gâteaux ; ils boivent parfois un café arrosé d'une « petite goutte » et se séparent sur un joyeux : « bonne nuit ».

Sa lanterne à la main, avant de partir, un des veilleurs recommande encore :

- « Vous souhaitiez voir les brodeuses de perles, il faudra vous dépêcher Berthe, la dernière du village d'Assenoncourt va s'arrêter. Encore un métier qui se perd ! »

•••

Cependant l'hiver s'éloigne.

A l'orée de la forêt, quelques violettes lèvent discrètement leurs capuchons frileux. Dans le parc, les pâquerettes ouvrent leurs collerettes blanches et roses. De sa tournée, Paul rapporte un bouquet de coucous garni d'anémones.

Les mésanges et les bergeronnettes s'affairent ; un rouge-gorge prépare un nid dans le cerisier dénudé.

- « Le temps est là - le temps est là » semble clamer l'oiseau du printemps.

Le vent porte des effluves prometteurs. Le soleil fait des clins d'oeil, joue derrière de légers nuages blancs, rebondis comme des baudruches.

Berthe, fatiguée et sans courage, n'est pas à l'unisson de la joie printanière. Insidieuse, une petite toux sournoise secoue ses épaules trop minces ; malgré sa volonté, elle reste écrasée par le poids du jour.

- « Il faudra consulter le docteur à Dieuze, je t'accompagnerai : regarde aussi comme ma main tremble quand je suis fatigué », dit Paul.

- Tu as raison, nous demanderons à Monsieur Dumont de nous prendre dans sa calèche ; tous les vendredis, il se rend au marché de Dieuze ».

Le cultivateur emporte toutes les semaines les produits de sa ferme : des volailles, des oeufs, du beurre.

Complaisamment il accepte, emmène Paul et Berthe à la petite ville.

Nénéne restera sous la surveillance de la grand-mère de Guermange, venue spécialement pour la garder ; Diane secondera l'aïeule et ne quittera pas l'enfant.

Après une dizaine de kilomètres à travers champs et forêts, la calèche roule dans les rues de Dieuze. Habitué à ce parcours, le cheval fait claquer allègrement ses sabots sur les pavés de la cité du sel et se dirige vers l'« Hôtel de Paris », où l'agriculteur laissera sa voiture.

Le valet d'écurie de l'établissement connaît ses clients, s'empresse, détèle le cheval, le conduit à l'abreuvoir ; puis, à sa place dans l'écurie où d'autres attelages attendent leurs propriétaires. Le cheval plonge sa bouche gourmande dans le sac à picotin que le palefrenier boucle autour de son cou. Aussi longtemps qu'il sera nécessaire, le valet s'occupera de son pensionnaire... Le pourboire sera généreux à la fin de la journée.

Berthe et Paul se rendent à la consultation médicale ; dans la rue ils rencontrent des connaissances. Venues des villages environnants, les voitures se pressent dans les ruelles trop étroites pour l'occasion. Des roues crissent, des fouets claquent, et dans ce joyeux tintamarre, les agriculteurs, heureux de se retrouver, s'interpellent avec des cris ponctués de rires sonores. Des hommes au teint coloré se congratulent avec force gestes et de grandes tapes amicales sur l'épaule.

Les commerçants ouvrent leurs échoppes, s'activent, garnissent leurs étalages. Les aubergistes sourient, sur le pas des estaminets.

Le jeune couple traverse la place du marché au beurre et aux oeufs ; à cette heure matinale, l'endroit est très animé.

Les agriculteurs, les paysannes, devant leurs étals, proposent leurs marchandises ; tous ont leurs clients attitrés : qui, pour une motte de beurre, qui, pour des oeufs bien frais, pour une poule dodue, ou un coquelet au bec arrogant.

Leur cabas sous le bras, les ménagères, plus discrètes, se faufilent parmi la foule bruyante et chamarrée, elles palpent, marchandent, se bousculent un peu, pour trouver la « bonne affaire ».

Quelques négociants en gros bétail font du commerce, accostent les paysans au visage buriné par le grand air et les intempéries. Les uns et les autres gesticulent, pour essayer de tirer le plus d'avantages possibles des tractations qu'ils effectuent ; puis, « affaires conclues », le verbe haut, ils « se topent dans les mains ». [1]

...

Vers midi, le jeune couple très ému, sort de chez le médecin. Désemparés, un peu étourdis par le bruit, happés par la foule, Paul et Berthe se réfugient au café pour attendre le retour de leur conducteur. Le verdict est sévère.

Paul souffre des nerfs et devra se soigner énergiquement, peut-être devra-t-il consulter un spécialiste.

Quant à Berthe, sa toux inquiète beaucoup le docteur. Péremptoire, il fronçait ses sourcils roux.

- « Repos, grand-air, et encore repos, sinon, ça deviendra grave !

Vous ne souhaitez pas aller au sana, alors suivez mon ordonnance à la lettre !

Je viendrai vous visiter dans quelques semaines ! Cette toux doit disparaître ! »

Il ajouta encore :

- « Avez-vous une personne dans la famille à qui confier votre enfant ? »

- « Oui... », articula péniblement la mère.

---

(1) - parole donnée ; toutes les affaires se traitaient ainsi.

•••

Effondrés Paul et Berthe doivent se séparer de Nénêne.

Indifférents à ce qui les entoure, ils attendent Monsieur Dumont qui les ramènera la Breite.

Tout le long de la route ils ne parlent guère ; le conducteur respecte leur silence.

En cours de soirée, Madame Dumont monte à la maison forestière pour réconforter le jeune ménage.

La grand-mère alarmée, crispe ses mains.

On dépêche un ami à Vahl pour prévenir la famille de Berthe. Gabrielle n'écoute que son bon coeur :

- « Ne vous tracassez pas, je vais venir chercher ma filleule, nous la soignerons à Vahl ! »

Dans une longue lettre la marraine ajoute :

- « ... Je serai « ta petite mère », comme tu l'as été pour moi, souviens-toi, Berthe ! »

•••

Quelques jours s'écoulent... Eugénie rentre chez elle à Guermange.

Gabrielle vient avec un cultivateur de Vahl pour emmener sa nièce.

Le coeur gros, Berthe prépare les langes et les vêtements qu'on entasse dans la calèche. La jeune mère fait les ultimes recommandations avant de se séparer de son enfant, qu'elle ne verra plus sourire chaque matin. Elle supplie sa soeur de ne pas donner l'ignoble « tassate » [1] à l'enfant : « Il vaut mieux la laisser pleurer

---

(1) - tétine faite d'un nouet de toile en forme de tétine dans lequel les mères mettaient un mélange de pain trempé dans du jaune d'oeuf, du lait, du sucre, parfois du miel... l'ignoble chiffon traînait sur le plancher et on ne se gênait pas pour le remettre dans la bouche du nourrisson.

que lui mettre ce chiffon dégoûtant dans la bouche. »

Les oiseaux peuvent chanter la belle saison et les merles lancer leurs trilles mélodieuses, on ne les entend pas ! Le gros pommier secoue ses pétales nacrés et odorants ; personne ne remarque sa beauté !

Une longue plainte monte du coeur de Berthe ; une plainte comme une lame de fond qu'elle réprime mal.

La petite fille essaie de se tenir debout, de ses bras elle s'agrippe au visage de sa mère, tire une mèche de cheveux ; puis sourit et tend les bras à Gabrielle...

Il faut partir... A quoi bon faire pleurer inutilement la pauvre mère ?

Au détour du chemin, du bout des doigts, Gabrielle envoie un dernier baiser, fait un signe de la main et serre Nénêne sur son coeur.

Paul entraîne sa femme vers la maison...

Diane, assise sur son train arrière, interroge simultanément ses maîtres et, levant la tête, pousse un long gémissement.

Paul se ressaisit :

- « Viens, rentrons, Berthe ! Notre fille sera bien soignée à Vahl. Tu dois te reposer, reprendre des forces, Après le ménage, tu iras te promener au jardin ou en forêt. Je ferai le travail avant ou après mes tournées.

Demain, je serai obligé d'aller à Guermange, voir si Mathieu a fini de marquer les coupes, si on peut enlever les grumes et les stères de bois de chauffage.

J'irai donner de nos nouvelles à ma mère. Louis doit arriver au pays avec sa femme et leur fille Marthe ; je pousserai jusqu'à Zommange, chez Raymond, voir notre petite nièce, Suzanne.

En passant, je verrai le père Joseph Lallement, et son frère, le père Cousin ; j'aurai besoin d'un coup de main pour rentrer le bois.

Sur mon chemin, je demanderai au père Dada de réparer quelques tonneaux pour mettre des fruits à fermenter. Il faudra aussi porter une paire de chaussures à ressemeler chez le cordonnier.

Avec toutes ces courses, malheureusement, je ne rentrerai pas de bonne heure ; mais ne t'inquiète pas, je serai là avant la tombée de la nuit et soignerai les bêtes. Je te laisserai Diane ; avec elle tu n'auras rien à craindre. »

• • •

Le jour suivant, son fusil sur l'épaule, le garde embrasse sa femme et s'enfonce dans la forêt. Attristée, Berthe vaque à ses occupations.

- « Heureusement que tu es là, mon bon chien ! » De sa patte, Diane gratte le tablier de sa maîtresse, pose sa bonne tête sur ses genoux, pousse du museau les mains abandonnées, quête une caresse.

Les pensées de Berthe volent au pays natal :

- « Que deviennent ma fille, ma mère et ma soeur ? » ; « Que ferai-je sans Gabrielle ? Dire qu'elle va nous quitter et entrer au Carmel ! »

• • •

La semaine s'écoule lentement... Soudain Berthe aperçoit le facteur qui monte le raidillon.

- « Il y a du courrier pour nous ! » Une lettre de Vahl tremble dans les mains impatientes de la jeune femme. Fébrilement elle l'ouvre et lit avec avidité :

- « Notre fille marche ! Elle est très sage, mais refuse d'aller dormir à l'étage ; Gabrielle a toutes les peines du monde pour lui faire admettre qu'on ne tombe pas de l'étage pendant le sommeil. Toute la famille se porte bien ! » S'écrie Berthe en se jetant dans les bras de Paul revenu de sa tournée.

Joyeuse, le jeune mère fait des commentaires sans fin... Une lumière nouvelle brille dans ses yeux sombres. Paul sourit.

...

Venue visiter sa patiente, le médecin la trouve, en bonne voie de guérison ; lui permet même, d'aller voir sa fille à Vahl, de temps à autre !

Paul court emprunter le char-à-banc de monsieur Dumont et avec Berthe, ils iront passer quelques heures auprès de l'enfant.

La jeune mère s'impatiente. Il lui tarde de serrer son enfant dans ses bras. Aux dires de Gabrielle, Madeleine devient une mignonne blondinette aux boucles folles.

- « Ah que la route est longue... Vahl ! Enfin ! »

Berthe se précipite, pousse la porte :

- « Madeleine ! Ma petite Nénêne ! » Les baisers pleuvent, mêlés à des larmes de joie.

L'été et un nouvel hiver passent. Berthe reprend des forces...

Le bon docteur qui la soigne se frotte les mains :

- « Vous êtes guérie, vous pouvez reprendre votre fille à la maison ! »

C'est le temps ou Gabrielle prépare son trousseau pour entrer au cloître des Trinitaires.

Huitième partie : LA SAUVAGEONNE

Un bonheur paisible règne dans la maison forestière. Nénêne trottine autour de la demeure, suivie par son infatigable gardienne. Diane, se plie à tous ses caprices, lui sert de monture et même de coussin lorsque lassée de ses jeux, elle s'endort confiante sur son flanc soyeux.

Griffette, jalouse de cette affection, passe et repasse, feint l'indifférence ; puis courroucée, lance quelques coups de pattes agressifs sur la truffe du chien étendu.

Diane vigilante, retrousse ses babines, montre ses dents d'un air peu engageant. La chatte dépitée s'éloigne, tandis que Matou, témoin de la scène, grimpe prestement à un arbre.

Les jours de pluie, Nénêne reste auprès de sa mère, la suit dans toutes ses occupations. L'enfant pose mille questions :

- « M'man... pourquoi ? M'man, dis, c'est quoi ? »

•••

L'atelier où le garde bricole à ses heures de loisirs, est un endroit mystérieux, magique. La gamine s'intéresse à tout : le grincement d'une scie mordant une planche, le crissement d'une lime, retiennent son attention. Parfois, les petits doigts trop curieux, frôlent les dents de l'égoïne ou se piquent à une pointe acérée. Des larmes perlent dans les yeux d'azur.

« Nénêne, que se passe-t-il ? demande le père alarmé ; montre cette main que tu caches. Tu t'es piquée. Touche-à-tout ! Ce n'est pas grave, viens nous allons soigner cela. » Paul gronde doucement. Comme il a vu faire par ses ancêtres, le garde décroche une toile d'araignée et l'entortille autour du doigt meurtri :

- « Voilà, c'est fini, tu n'auras plus mal ! »

...

Naïve, l'enfant ouvre des yeux émerveillés sur la vie... Un conte de fée !

- « Viens, Madeleine, aujourd'hui, nous allons au mariage de ton oncle Lucien ; il faut être belle et surtout ne pas te salir ».

Avec une moue, la petite lorgne une robe rose, des chaussettes blanches étalées sur une chaise : elle n'aime pas être endimanchée, des tas d'interdits sanctionnent ces jours de fête qui reviennent trop souvent ! La gamine boude : elle ne pourra pas se rouler dans l'herbe avec Diane, ni cabrioler avec Biquette !

- « Il ne faut pas... il ne faut pas ; tout est défendu quand on porte les vêtements du dimanche ! », ronchonne Nénêne en fronçant le nez.

Mais, la maman insiste : il faut obéir.

- « La cérémonie du mariage aura lieu à Vannecourt, nous partirons depuis Vahl en calèche », explique Berthe en habillant sa fille.

Nénêne, soudain intéressée, questionne :

- « En calèche, avec un beau cheval ? »

- « Oui, avec un beau cheval bien pansé ; sa crinière sera tressée et nouée de rubans de toutes les couleurs ! »

Les yeux de Nénêne brillent, elle voue une profonde admiration aux chevaux de la ferme et, celui qui les emportera sera encore plus beau, tout empanaché de ses cocardes multicolores !

- « Ah... alors, je veux bien ! »

L'enfant ne bouge plus, accepte toutes les corvées, laisse coiffer et rouler ses boucles blondes en « anglaises » retenues par un gros noeud de satin blanc.

- « Ce gros ruban sur ma tête est bien gênant, on dirait un papillon », pense l'enfant qui s'adresse une grimace devant la glace. Mais, pour partir, et voir un si beau cheval, il faut se sacrifier ! »

Etonnée de la passivité de sa fille, Berthe recommande :

- « J'espère que tu seras gentille, que tu répondras quand on te parlera ».

Très excitée, Nénêne rêve aux agréments du voyage, au plaisir de revoir la grand-mère et sa douce marraine... Et puis, il y aura un beau cheval !

Monsieur Dumont conduit la famille à la gare de Gélucourt pour prendre le train jusqu'à Bénestroff. Ensuite, une calèche venue de Vahl, emmènera les invités chez la fiancée.

Les cahots du train omnibus endorment la gamine... A l'arrivée, Paul la porte dans ses bras jusqu'à la sortie de la gare. Le fracas de la locomotive, les appels des voyageurs réveillent soudain Nénêne ; éblouie elle aperçoit sa grand-mère et Gabrielle qui lui tendent les bras. Elle se précipite, rayonnante, de gros baisers ponctuent les tendres retrouvailles.

La famille s'entasse aussitôt sous la capote vernie de la calèche enrubannée et, fouette cocher !... L'enfant perdue dans un rêve songe :

- « C'est comme maman a dit ! Il y a des rubans partout ! »

•••

Bien calée entre Clémence et Gabrielle, Nénêne regarde défiler un paysage inconnu, tout neuf. Joyeuse, elle écoute tinter les sonnailles du cheval, admire sa jolie tête empanachée de rubans et de fleurs en papier.

- « Comme il est beau ; mais avec tous « ces machins », il doit être aussi ennuyé que moi avec mon noeud dans les cheveux ! Oh, je crois bien qu'on lui a ciré les sabots ! C'est jour de fête, il n'a pas le droit de se salir ! »

Arrivés à Vannecourt, les passagers s'arrêtent chez un cousin, grand amateur de fleurs et amoureux de sa campagne.

Le vieil homme possède un jardin merveilleux, un paradis pour Nénêne qui court,... court parmi les sentes, se glisse sous des buissons parfumés, caresse des corolles multicolores, y enfouit son minois avide. La belle robe, le noeud de satin et les souliers vernis sont oubliés. Si on pouvait la laisser dans cet Eden ! Mais non, pas de chance !

- « Allons, Madeleine, reviens vite ! »

Berthe attrape sa fille par un bras, l'entraîne sans ménagement, passe un mouchoir sur le visage jauni de pollen, essuie les mains souillées, redresse le fameux noeud de satin :

- « Il faut être sage, Madeleine, les mariés vont te prendre pour une petite sauvageonne ! On te mettra avec les cochons ! »

Honteuse, Nénêne baisse la tête, sans répondre.

•••

La maison de la fiancée bruit comme une ruche prête à essaimer.

Nénêne ne connaît que la paix des champs et le silence de la forêt. Apeurée, elle se serre entre ses parents ; des yeux se posent sur elle, lui sourient, la détaillent.

Empêtrée dans un tourbillon de robes soyeuses, serrée contre des corsages plantureux aux fronces ou aux plis savants, on presse la sauvageonne, on l'écrase. Comme une poupée, elle passe de mains en bras.

Des chapeaux garnis de plumes d'autruche ou ornés d'oiseaux bizarres se penchent sur elle. Des capelines immenses, abondamment fleuries, glissent à l'oblique pour atteindre les joues de la gamine effarouchée :

- « On dirait des nids d'oiseaux ou des pots de fleurs ! »

Nénêne se raidit, on l'embrasse trop fort... beaucoup trop ! Abasourdie, par ces démonstrations affectueuses, d'un revers de la manche, elle essuie ses joues brûlantes.

Médusée, elle regarde de vieux messieurs très imposants, vêtus de leurs redingotes à queue-de-pie ; ils portent le gibus à huit reflets.

- « C'est drôle, on dirait les tuyaux du fourneau quand maman les fait reluire avec de la mine-de-plomb ! Au moins, papa enlève coquettement son gibus et le tape d'un petit coup sec sur son bras pour qu'il se raplatisse.

Il est poli mon papa ! Et puis, maman dit que ce n'est plus la mode ! On porte un « melon », aujourd'hui tout est changé, et mon oncle se marie !... »

Parmi les rires, on entraîne la gamine affolée qui se retrouve devant Monsieur le Maire, un gros homme au visage jovial et moustachu. Avec emphase, le magistrat lit « des choses » aux futurs mariés très sérieux.

Nénêne éperdue, n'a rien compris ; mais elle a vu que le monsieur a aussi un gros ruban autour de son ventre... Un ruban de trois couleurs...

- « C'est un jour, pas comme les autres... un jour avec des fleurs et des rubans partout » ! songe-t-elle, naïvement.

Après le mariage civil, au bras de son père, la mariée prend la tête du cortège et ils se rendent à l'église pour la bénédiction nuptiale.

Deux par deux, les invités suivent :

- « Comme à la Fête-Dieu ! » songe Nénêne ; fatiguée, elle se coule dans un banc frais, bien en sûreté entre ses parents. Mais elle veut tout voir et s'efforce de tenir les yeux grands ouverts.

Au bras de sa mère, Lucien entre le dernier, ainsi le veut la coutume ; puis il vient s'agenouiller auprès de la jolie dame vêtue de blanc.

- « Comme il est beau et sérieux mon oncle, dans son bel habit de cérémonie ; il semble ému. Tiens, il porte aussi des fleurs à sa boutonnière, les même que celles qui retiennent le voile de la mariée ! Maman m'a dit que c'étaient des fleurs d'oranger.

Quelle drôle d'idée ? D'abord, les hommes ne portent pas de fleurs : papa les donne à maman ! »

Surexcitée, un peu jalouse, Nénêne soliloque encore :

- « Mon oncle ne m'a même pas vue ! »

- « Allons, tais-toi, petite bavarde », souffle le père.

Soudain le suisse, son bicorne à plumet sur la tête, paraît dans l'allée centrale.

D'un oeil étonné, Nénêne surveille l'étrange personnage vêtu d'un habit rouge et blanc à brandebourgs, tout galonné d'or. Plein de prestance, l'homme bombe le torse, marche d'un pas mesuré ; sa hallebarde claque sur le carrelage : clic-clac... clic-clac. Ses yeux enfoncés sous d'épais sourcils, son visage poupin barré d'une énorme moustache noire, n'inspirent pas confiance à la gamine... De plus, l'homme l'a regardée, a effleuré ses cheveux de ses gros doigts gantés de blanc.

Nénêne frissonne, se fait toute petite, ne bouge plus.

- « N'aie pas peur, c'est le suisse »... rassure la maman.

Les orgues ronflent, des cantiques s'élèvent...

L'enfant s'apaise, reprend un peu d'assurance, admire les époux : lui, grand et viril : elle, toute blonde et souriante sous son voile blanc.

- « Dis m'man, elle a un joli bouquet la mariée, les fleurs doivent sentir bon ? Tu crois qu'elle m'en donnera une ? Ce serait mieux que le noeud dans mes cheveux ? Ah, que ma tête est lourde ! »

- « Tais-toi, petite bavarde ! »... Des gens chuchotent et rient.

Précédé des servants, le prêtre sort de la sacristie.

Un silence solennel s'établit... L'officiant parle... parle...

- « Lucien Guerbert, acceptez-vous de prendre pour femme et légitime épouse Suzanne Puchot ?

- « Oui... »

Les yeux de la petite chavirent, vaincue par la fatigue elle s'endort sur les genoux paternels. Elle ne se réveillera qu'à l'issue de la messe, tirée de sa torpeur par des ovations et des coups de fusil.

En cortège, la noce défile dans la rue et se dirige vers la maison où aura lieu le banquet.

...

Sur de longues tables tendues de nappes blanches, des fleurs de tons pastels s'épanouissent, tandis que les assiettes alignées et les verres de tailles différentes scintillent avec des éclats d'arc-en-ciel. Nénêne ravie se dresse sur la pointe des pieds, admire les couverts ; elle ne sait pas encore compter.

- « Qu'est-ce qu'il y en a ! Beaucoup... beaucoup plus que mes doigts, c'est sûr ! » fait-elle en regardant ses mains.

On fait asseoir Madeleine à côté de René, son cousin. La jeunesse s'amuse et se gave de friandises ; tandis que les aînés rient, chantent, lèvent leurs verres.

Nénêne coule un oeil vers les mariés, elle aime tant son oncle ; mais lui ne s'occupe que de sa belle épousée, la serre tendrement, lui baise le bout des doigts. Suzanne toute rose sourit, ses yeux de pervenche pétillent de joie.

Les jeunes époux ne voient qu'eux et planent sur des nuages.

La gamine constate avec un sentiment de dépit :

- « Comme elle est belle la dame ! Notre oncle Lucien ne voit qu'elle, il n'est pas gentil comme les autres fois ; tu ne trouves pas René ? »

- « Il se marie », rétorque le gamin d'un air supérieur.

- « Ah ? Et, qu'est-ce que ça change ? »

René regarde de haut l'ingénue ; mais ne sait que répondre.

- « Allons, les enfants ? Vous ne chantez rien pour les mariés ? », réclament les convives.

De bon coeur chacun s'exécute, chante ou récite un compliment.

- « Et toi, Madeleine, tu ne chantes pas ? » Questionne sa marraine, la prenant dans ses bras.

Intimidée, Nénêne baisse la tête... Devant tout ce monde, elle n'osera jamais !

- « Voyons, tu sais chanter ! Décide-toi, fais-moi plaisir »... insiste Gabrielle.

Comment résister à cette marraine chérie ?

- « Oui, je veux bien chanter pour toi toute seule ! Mais à condition que tu restes près de moi et que je puisse tourner le dos à tout le monde ! », réplique Nénêne, rose d'émoi.

- « Comme tu voudras ».

Mue par son affection, Madeleine, toute tremblante tourne le dos à l'assistance et entonne d'une voix claire le cantique si connu : « Le voici l'Agneau si doux... »

Les convives se regardent, éclatent de rire et applaudissent peut-être plus qu'il n'aurait fallu... Les gens plaisantent.

- « C'est tout à fait cela, Lucien, mon doux agneau ! »

Aussi rouge que des cerises, les mariés qu'on taquine viennent gentiment au secours de la chanteuse, l'embrassent et la complimentent. Cependant, mal à l'aise, Nénêne se tortille angoissée :

- « Quelle sottise ai-je commise ? Pourtant marraine semble contente ! Et puis, je ne me ferai plus prendre ; je ne parlerai plus ! ». La gamine effarouchée se réfugie entre ses parents ; terrassée par les incidents de la journée, elle s'endort.

La soirée se poursuit avec la distribution d'un morceau de la jarretelle de la mariée ; des jeunes gens se faufilent sous la table et feignent de dérober cette faveur. Ils procèdent ensuite à la mise aux enchères de la chaussure de la jeune épousée : l'argent recueilli servira de pourboire à la cuisinière et aux serveuses.

•••

A partir de l'incident de la noce, Madeleine très sensible, mais qui n'a pas compris, deviendra encore plus timide, même sauvage.

C'est à ce moment que Nénêne se rendait compte que les « grands » ne racontaient pas tout aux enfants...

Tant de questions troublantes qu'elle n'osait formuler !

La maison forestière n'était pas équipée de salle de bain... La toilette du samedi soir ou du dimanche matin était un véritable cérémonial. Quand il faisait très froid, on baignait l'enfant dans un grand cuveau qu'on apportait dans la chambre. Des serviettes chauffaient autour du poêle... Impatiemment, la petite attendait le moment où on emmailloterait son corps dans ces linges tièdes.

Venait aussi le moment où les parents se lavaient, changeaient leur chemise ; alors on mettait Madeleine « au coin » avec défense absolue de tourner la tête avant qu'on ne lui en ait donné la permission. Sinon, elle serait punie et risquait de devenir aveugle ! Et la pénitence « durait » mais, la consigne était respectée ! Que de questions germaient dans la tête juvénile. Instinctivement, la gamine savait qu'il fallait se taire ! Pourquoi ?... pourquoi ?

•••

Ce trois juillet, veille de la Saint Ulrich, les deux grand-mères réunies à la Breite se concertent :

- « Si nous allions à Saint Ulrich ? Profitons-en ; nos jambes sont encore assez solides pour faire le chemin. A nos âges, la vieillesse et les infirmités nous guettent ! Nous avons tant de dettes de reconnaissance envers Dieu et ses Saints ! »

- « D'accord, Clémence ... Mais, venez coucher à Guermange, nous partirons de bonne heure, vers les trois heures du matin, en cette saison les nuits sont claires et fraîches ».

Paul ramène les deux aïeules en bateau. Arrivées à Guermange, elles se préparent au départ et se couchent tôt.

•••

Trois heures du matin... Le gros réveil grelotte sur la table de chevet.

- « On y va, Clémence ? »

- « Oui, Eugénie ! »

Les deux femmes s'habillent prestement, mangent quelques tartines de beurre et de gelée de groseille, boivent un café au lait, garnissent leur cabas de pain, de saucisson, de jambon : le tout bien emballé dans une serviette de toile. Quelques oeufs cuits durs et un baba complètent les provisions. Deux verres, une bouteille de sirop de framboise, une fiole d'alcool de menthe et deux ou trois morceaux de sucre en cas de malaise, rejoignent les victuailles au fond du cabas :

- « Nous le porterons à tour de rôle, pour ne pas nous fatiguer. N'oublions pas nos parapluies... Ils serviront pour nous abriter du soleil ou d'une averse éventuelle, on ne sait jamais avec cette canicule ! »

Elles sont prêtes.

Eugénie tourne la clé, la glisse sous le paillasson.

- « En route ! »

L'air frais embaume de senteurs d'orge mûrissant, de foin coupé,... Elles atteignent Bisping aux premiers chants du coq.

Elles vont... elles vont...

« Frippe-frappe »... les longs jupons frottent en cadence sur les chaussures boutonnées très haut ; « frippe-frappe... frippe-frappe... »

En marchant, elles récitent le chapelet.

Des agriculteurs matinaux saluent les pèlerines d'un aimable coup de casquette.

Arrivées à Albechaux, les deux femmes font une pose à la petite chapelle dédiée à Saint Anne, s'agenouillent devant la statue vénérable. Venus des localités voisines des pèlerins se joignent aux présents. Leurs oraisons terminées, certains s'asseyent sur le rebord du talus, déballent des victuailles, papotent.

- « Nous sommes à moitié chemin, nous devrions reprendre la route si nous ne voulons pas être en retard pour la messe », conseille un prêtre à ses ouailles. Il poursuit encore :

- « Le soleil est déjà haut, il fera très chaud ! »

La petite troupe reprend sa marche pieuse. Les jeunes chantent, les autres psalmodient. La procession traverse Langatte, puis Haut-Clocher, chemine sur une sente de terre battue et se retrouve au monastère de Saint-Ulrich.

Les pèlerins éreintés, les vêtements poussiéreux, sont heureux d'arriver au but. Ils se rassemblent sur la petite place devant la Vierge de Lourdes, à l'ombre accueillante des arbres tutélaires.

Après la grand'messe célébrée en plein air, et la vénération des reliques, les pèlerins se dispersent sous un arbre ou dans les prairies des alentours, ouvrent les parapluies en guise de parasols et sortent les provisions des cabas.

- « Vous n'êtes pas trop fatiguée, Eugénie ? »

- « Si, et vous, Clémence ? »

- « Moi aussi, mais chose promise, chose dûe ! Fions-nous à la Providence : peut-être qu'à l'issue des Vêpres, nous rencontrerons une voiture, ou une guimbarde qui nous chargera ! »

Effectivement, des voitures qui rentraient dans les localités voisines, prirent les deux femmes à bord. Elles n'avaient plus que six kilomètres à marcher pour arriver à Guermange.

Arrivées à la maison les deux femmes se laissent tomber sur les chaises de la cuisine déjà assombrie.

- « Je n'ai plus qu'une envie, me rafraîchir le visage avec de l'eau du puits et baigner mes pieds gonflés », gémit Clémence.

- « Et puis, nous allons boire une bonne tasse de lait caillé ; ça nous remettra ! » ajoute Eugénie.

- « Après une bonne nuit, il n'y paraîtra plus ».

Rafraîchies et restaurées, d'un commun accord, les deux femmes se glissent avec un soulagement non feint, dans des draps frais et s'endorment d'un sommeil bien mérité.

•••

Gabrielle n'a pas renoncé à sa vocation et vient faire ses adieux à la maison forestière...

A sa filleule, elle offre ses quelques menus bijoux et un mignon cobaye blanc et roux. Muette de plaisir, d'une main mal assurée, l'enfant caresse le petit rongeur qui se blottit au fond de sa cage avec un cri de frayeur.

- « Il est pourtant bien familier, ce cochon d'Inde ! Tu en auras soin et quand tu le soigneras, tu penseras un peu à ta marraine ! »

En signe d'assentiment, Nénêne secoue sa tête blonde, se pend au cou de Gabrielle et plonge ses yeux humides dans ceux de la jeune fille.

- « Pour plus de sûreté, nous le soignerons toutes les deux », précise Berthe.

Gabrielle fait le tour de la maison, court au verger, s'attarde au jardin, s'assied sous les sapins, caresse Diane la fidèle et Biquette la capricieuse ; puis d'un pas assuré, rejoint la famille :

- « Je remplis mes yeux de ces images si chères ; je ne vous oublierai pas ! Mais je vais vous quitter, je ne veux pas manquer mon train à Gélucourt. »

- « Attends, je roule une couverture sur le cadre de ma bicyclette, tu t'assoieras en amazone, je t'emmènerai à la gare. Tu n'auras pas tout ce chemin à marcher. »

- « Alors, j'ai encore un peu de temps pour rester avec vous ; merci de ta gentillesse, Paul ! »

Les yeux de la future novice se portent sur les toits d'ardoises du château d'Alteville, se posent, nostalgiques, sur la ligne bleue de l'étang de Lindre et sur les lointains flous de Tarquimpol.

- « Je prierai beaucoup pour vous ; cloîtrée, je n'aurai plus la permission de sortir, mais à certaines époques de l'année, vous pourrez me rendre visite au Carmel.

Au revoir, ma petite Madeleine, au revoir Berthe... Prends soin de notre mère, elle sera bien seule à Vahl. »

Berthe ne retient plus ses larmes... Sa soeur, le gentil feu-follet, ne viendra plus illuminer la Breite de son sourire.

Nénêne ressent confusément cette détresse qu'elle ne comprend pas ; elle noue ses bras autour du cou de Gabrielle et refuse de desserer son étreinte. Il faut arracher la petite des bras de sa marraine qui s'enfuit en courant.

Paul essuie une larme, installe sa passagère sur son vélo, tandis que Berthe retient sa fille dans ses bras, ne sachant comment la consoler.

- « Viens, Nénêne, nous allons donner des carottes aux lapins et à ton cochon d'Inde. »

...

Paul travaille du matin au soir ; après ses tournées, de retour à la maison, mille occupations réclament sa présence. A une certaine époque de l'année, le garde, aidé de Monsieur Lallement, fend du bois dans la cour ; ils débitent les bûches, avant de les sécher et de les empiler dans la remise pour le chauffage l'hiver. Le père Lallement raconte les petits faits qui émaillent la vie rurale, puis soudain, se tait.

Etonné du silence du père Cousin (surnom de Monsieur Lallement), Paul s'inquiète, pose sa hache...

- « Vous ne dites plus rien, Père Cousin ? Ça ne

va pas ? Mais vous êtes tout pâle ! »

Le bûcheron se redresse blafard, jette quelque chose aux poules, et d'une voix rauque :

- « Et puis, tenez bon !... »

Du sang coule sur le billot, le garde comprend :

- « Vous êtes blessé ! »

- « C'est seulement le bout de mon pouce, il n'y a plus rien à faire, je l'ai jeté aux poules. »

- « Allons venez vite, rentrons à la maison. Berthe viens voir, le père Cousin est blessé ! »

A la vue du sang, la jeune femme court chercher des ciseaux, du coton hydrophile, des bandes et de l'eau-de-vie pour désinfecter la plaie.

Berthe fait asseoir le blessé, baigne la main mutilée...

Le brave homme ne bronche pas, regarde Berthe verser l'eau-de-vie, en imprégner largement une compresse et l'appliquer sur le doigt. Tout-à-coup, d'un ton bourru, le blessé dit à l'étourdie :

- « Vous feriez mieux de m'en donner un petit verre, au lieu de gaspiller tout ça ! »

- « Oh ! Pardon Monsieur Lallement, la vue de tout de ce sang m'a affolée. »

Berthe sert une bonne rasade d'alcool.

- « Ca va mieux maintenant », dit le père Cousin en terminant son verre ; puis il tâte son pansement :

- « On pourrait achever ton tas de bois, Paul ? »

- « Ah, ça non, père Lallement ! Il ne faut pas fouler cette blessure. Vous allez rentrer à Guermange tout de suite ; je vous reconduis avec le bateau. »

Entêté, le brave homme rétorque :

- « Je ne suis pas malade ; tu me prends pour une poule mouillée. Je n'ai pas besoin de toi, blanc-bec ! »

Le bûcheron prend son sac sur l'épaule, salue la

maisonnée et se dirige vers le sentier de la forêt pour rentrer chez lui.

Après d'aussi rudes journées, le garde est parfois pris de tremblements incontrôlables ; inquiète, sa femme conseille :

- « Tu devrais retourner voir le médecin. »

- « Mais non, c'est la fatigue, il n'y paraîtra plus demain ! »

...

Clémence passe la belle saison à la Breite.

Nénêne ne quitte plus la tendre aïeule ; main dans la main, elles parcourent les alentours.

Selon la saison, elles récoltent des fruits sauvages : fraises, framboises ou mûres, pour en faire des confitures parfumées, ou des sirops délicieux.

La grand-mère cueille méticuleusement les plantes médicinales. Elle en énumère inlassablement les noms et les vertus à Madeleine, auditrice passionnée :

- « Regarde sur ce terrain aride, ces petites fleurs jaunes, sans éclat, à la tige duveteuse, ce sont des « pas-d'âne » [1] ; elles soigneront les bronches pendant l'hiver.

Ne touche pas à ces renoncules au coeur brillant, qu'on croirait ciselées dans de l'or pur ! Ces plantes si jolies nous trompent : elles sont nocives, même les animaux les évitent instinctivement !

Par contre, ces primevères jaunes et ces pulmonaires au feuillage velu, sont très efficaces pour faire passer un gros rhume.

On peut cueillir aussi ces modestes violettes et ce lierre-terrestre qui rampe comme honteux de laisser voir

---

(1) - tussilages

ses fleurettes sans éclat. Ce sont d'admirables plantes médicinales.

Vois aussi les touffes roses de la centaurée sauvage... Tu connais déja ces coquelicots qui aident les insomniaques à dormir. Et ces bleuets, de la couleur de tes yeux, avec la camomille toute parfumée, ils serviront à soigner les paupières rougies. Au bord du fossé, voici les légères ombelles de la reine des près, et les queues-de-chat [1] détestées des agriculteurs.

Là-bas, dans ce coin inculte, voici de l'armoise ; cette grande plante aux pampres gris ne paie pas de mine ; il faut la couper à la Saint-Jean d'été pour qu'elle ait le maximum de vertus, nous l'appelons d'ailleurs : herbe de la Saint-Jean.

Mais viens, rentrons, Madeleine, mes vieilles jambes sont fatiguées. Demain, nous viendrons cueillir ces mauves aux couleurs délicates ; nous irons aussi dans la haie, couper des fleurs de sureau pour soigner l'enflure et le pis des vaches.

Je demanderai à ton père de me tailler des fins branchages du tilleul : tu m'aideras à retirer les fleurettes blondes, et nous les mettrons sécher à l'ombre. Ecoute les abeilles bourdonnent dans l'arbre, elles ne s'y trompent pas et butinent pour nous fabriquer du bon miel.

Au fil des jours, les herboristes poursuivent leurs récoltes... La petite écoute attentivement les explications et les recommandations de l'aïeule :

- « Attention, ma fille, ne piétine pas ces plantes ; malgré leur air rébarbatif, elles ne piquent pas, ce ne sont pas des orties, mais des lamiers blancs si recherchés en pharmacie ! Par contre, ces baies qui vont devenir rouges et attirantes sont vénéneuses, ce sont les fruits de la belladone ; il ne faut pas y toucher !

---

(1) - les prêles

Voilà un pied de douce-amère, j'aime sa saveur ; mais ne t'y fie pas quand tu es seule, je craindrais que tu te trompes ; ses brindilles sont âcres lorsqu'on les mâche, ensuite elles deviennent très douces à la bouche. »

- « Pas peur, grand-mère, je n'aime pas les tisanes », rassure Nénêne en secouant ses boucles blondes.

- « Sur le rebord du chemin, pousse du millepertuis ; ses ombelles aux fleurs jaunes ne sont pas très jolies ; qu'en dis-tu ? »

- « Ses feuilles ont des taches de rousseur », renchérit la gamine en désignant le feuillage tout piqueté de points bruns.

- « On utilise cette plante contre les maux d'estomac, en apéritif ou en infusion. La nature fait bien les choses, met des remèdes à notre portée ; mais nous ne savons pas les utiliser ! »

...

Et, grand-mère Clémence... La pieuse femme, s'efforce d'instruire la sauvageonne, de lui apprendre ses prières.

A la maison forestière on récite la prière en commun ; tous s'agenouillent devant une chaise, puis à tour de rôle, chacun reprend un verset. Le « Notre Père »... le « Je vous salue Marie », le « Je crois en Dieu », le « Confesse à Dieu «, précèdent les Actes de Foi d'Espérance de Charité et de Contrition. Ce n'est pas encore fini, on récite « les Commandements de Dieu et de l'Eglise » et on termine par le « Souvenez-vous »...

Nénêne aime ce temps de recueillement et ne s'y dérobe jamais. Cette ferveur, sans artifices, transporte son âme enfantine : Dieu est là, parmi ses saints, pour la protéger... Ses parents l'entourent et toutes les forces maléfiques se cassent cornes et sabots contre les barrières inviolables et rassurantes de cette humble prière récitée en famille.

Tout au long des jours, la grand-mère s'efforce de raisonner, de chasser les superstitions si fortement ancrées dans les coutumes : « Mettez-vous dans la tête qu'on ne touchera pas à un seul de vos cheveux, si Dieu ne le permet pas ! »

Cependant, la bonne aïeule n'aime pas voir les couverts mal rangés ou disposés en croix sur la table, elle s'applique à en rectifier l'ordonnance...

Le pain... Ah, le pain jouit de tout le respect familial. On ne doit pas le trancher avant d'y avoir tracé le signe de la croix ; même le quignon doit être « posé à l'endroit » sur la table. On ne jette jamais une croûte de pain, on en fait de la « panade » [1].

- Quand les cloches sonnent « peût » [2], c'est dû aux vibrations de l'air, lorsque le vent change de direction. Ce n'est pas un présage de malheur comme le pensent les paroissiens.

Grand-mère est plus discrète quand le linge de la boëye [3] ne s'imprègne pas d'eau et surnage, c'est un signe de maladie. Elle n'admet pas qu'on lave des draps pendant la semaine Sainte, par respect au Suaire du Christ.

Quand l'heure sonne au clocher au moment de l'Elévation, la sainte femme se tient toute raide pour cacher ses appréhensions : « Qui Dieu rappellera-t-il à lui durant ces six semaines ? ».

Cette croyance persiste encore aujourd'hui, ainsi que celle affirmant que si la terre du cimetière se ferme le vendredi sur un cercueil, elle s'ouvrira de nouveau avant six semaines pour un nouvel enterrement.

Prise à défaut, grand-mère se reprend, se signe : « Mon Dieu, que votre volonté soit faite. »

---

(1) - pain cuit à l'eau salée réduit en purée où on ajoute oeufs et crème
(2) - peût : laid, vilain
(3) - boêye : lessive

Tous sentent le ridicule de ces superstitions ; mais au printemps, personne ne lâchera les vaches à la pâture un vendredi, si c'est la première fois de la saison. On se déplace rarement un vendredi, et on n'aime pas particulièrement les visites ce jour-là.

Oubliée maintenant, une autre croyance incitait les ménagères à mettre des oeufs à couver pendant la Semaine Sainte (le jeudi ou le vendredi). Les poussins à naître seraient « tételés » [1] de plumes multicolores.

•••

Certaines coutumes totalement dépassées donnaient lieu à des festivités parfois cocasses...

Les grands agriculteurs du village avaient tous un, ou plusieurs commis. La Saint-Etienne était jour de fête pour tout ce monde.

Le patron faisait ses comptes, payait ses manoeuvres [2], ses commis. Souvent, auprès de la main du patron, se trouvait un petit sac de cuir resseré par un lacet : les louis d'or... Une pièce récompensait les meilleurs ouvriers !

L'année était finie ... Certains restaient en place ; mais d'autres désiraient changer de « mât ! » [3], voyager, voir du pays. Ils s'en allaient, leur modeste balluchon accroché à un bâton qu'ils portaient sur l'épaule ; on les appelait « les Strasbourg-Metz ». Les pauvres hères, n'avaient jamais possédé tant d'argent. Quand il sera dépensé, ils s'arrêteront dans une autre exploitation pour travailler et gagner quelques sous.

Pour le moment, ils étaient riches, c'était la fête... leur fête ! Ils s'arrêtaient dans les auberges et se livraient à d'incroyables beuveries avec les « copains ». Les verres se vidaient... se remplissaient de nouveau. Le visage

---

(1) - tételés : tachetés
(2) - manoeuvre : gens du village qui travaillent chez le cultivateur pour nourrir quelques bêtes.
(3) - mât : maitre

enluminé, la casquette de travers, au milieu d'un nuage de fumée, les hommes élevaient la voix,... Frappaient du poing... Se disputaient, puis allaient « cuver » dans une meule, une grange ou une étable accueillante.

Le moment était venu pour les agriculteurs d'embaucher ceux qui n'avaient pas de travail. Les poches déjà vides, les marcaires et les commis perdaient leur verve, ne discutaient plus, ne marchandaient plus.

Venus de la ville, des commerçants s'arrêtaient au village pour traiter une affaire avec les cultivateurs. Autour d'un verre, on concluait un achat ou une vente.

Certains se livraient à d'autres spéculations. Parfois timides, des jeunes gens en âge de se marier, demandaient des conseils matrimoniaux. Tous ces commerçants connaissaient « les bacelles » [1] des environs, « faisaient les mariages ».

On discutait âprement, des yeux s'allumaient... Chacun y trouverait son compte ! On soupesait les fortunes, comparait « les biens au soleil »... Et puis, l'une était « piquetée » [2], grosse et peûte [3] ; mais elle avait beaucoup de sous !... L'interlocuteur engageant répliquait : « Sous la couette, tu oublieras ses défauts. »

D'autres étaient plus belles, mais « c'était plus risqué. « L'une était « allée aux vêpres avant d'assister à la messe. »

Hé oui ! Elle avait un petit, mais à part cela, c'était une bonne ménagère ouvrière, économe, et puis « le travail était fait », il y aurait bientôt un homme de plus pour aider à la ferme.

Certaines encore étaient « chédayes » [4] et ne trouvaient pas d'amoureux !

---
(1) - bacelles : filles
(2) - piquetée : taches de rousseur
(3) - peûte : vilaine
(4) - chédayes : édentées

La discussion se terminait par des rires, des promesses et même des espoirs...

Souvent, les plus timides demandaient des explications plus précises... Comment séduire la belle,... se l'attacher,... la retenir au foyer ? Le mercanti, flairant un gain, une affaire, attirait le candidat au mariage dans un coin, lui parlait à l'oreille :

- « Tu la feras danser à la fête, tu lui offriras un verre après le bal... Tu lui raconteras des « goguenettes » [1], « une fianve » [2]... Parles et fais la rire... C'est l'essentiel ! Quand elle n'y prêtera plus attention, tu glisseras dans son verre un peu « de poudre d'ongle » [3], des tiens ! C'est aussi efficace que de la poudre de défense de rhinocéros ! »

Un gros rire, une tape sur l'épaule pour rassurer le garçon crédule et le profiteur s'éloignait.

•••

A Guermange, grand-mère Eugénie décide de réunir toute la famille à l'occasion de la fête patronale. Madeleine fait la connaissance de ses cousins : André, Suzanne, Marthe et Geneviève.

Au dessert, on apporte de la tarte d'amandes, un délice !

L'enfant n'a jamais mangé d'aussi bonne chose : « de menthe - d'amandes », la confusion est possible !

Perplexe, Nénêne songe qu'à la Breite il existe une touffe de menthe... C'est une énigme !

- « Chez nous, on en fait de la tisane, et je ne l'aime pas ! » Pourquoi maman n'en fait-elle pas de la tarte, comme grand-mère Eugénie ? »

---
(1) - goguenettes : histoires moqueuses pour se ficher de quelqu'un.
(2) - fianves : histoires légendaires
(3) - poudre d'ongle : aphrodisiaque

Dans cette ambiance de fête, Nénêne oublie la question si importante.

Les musiciens arrivent pour donner l'aubade ; leurs instruments en cuivre brillent comme des soleils. L'enfant n'a jamais vu, ni entendu un orchestre, elle écarquille les yeux : le trombone à coulisse s'allonge, se raccourcit, le saxophone pleure, gémit, tandis que la trompette ou la clarinette, (papa a expliqué, mais Nénêne ne sait plus) pleine de boutons brillants, déverse des flots d'harmonie.

On applaudit et les invités reçoivent une « livrée » [1], contre une pièce de monnaie offerte aux musiciens qui continuent leur tournée de maison en maison.

- « Dommage qu'ils partent »... songe la gamine dépitée.

Les invités reprennent une conversation interrompue... Un tour joué à un bonhomme grincheux :

Pour se venger de la mauvaise humeur du vieil homme, une nuit de clair de lune, les jeunes gens du village se concertaient et sans bruit démontaient son chariot à foin, inversaient les roues de façon à réduire le véhicule en un véritable affût de canon, le timon pointé vers les toits. Le paysan entra dans une violente colère et nous menaça de la maréchaussée.

Hilare, Louis continue :

- « Comme notre homme aimait colporter les nouvelles, bonnes ou mauvaises et qu'il nous épiait quand nous plaisantions avec les filles, nous décidâmes de lui faire perdre cette fâcheuse habitude... »

Une certaine nuit d'été, on lui posa un tic-tac [2].

Dans l'ombre nous tirions sur la ficelle et la pierre frappait sur le pène de la porte : « tic-tac, tic-tac. »

Pour le dormeur, le jeu devenait obsédant, une lumière bougea derrière les persiennes. Furibond,

---

(1) - deux bouts de ruban disposés en x et épinglés à la boutonnière
(2) - pierre mobile attachée à la clanche d'une porte et reliée à une longue ficelle

l'agriculteur apparut, sa silhouette se dessina en chemise de nuit et en bonnet de coton, dans l'encadrement de la fenêtre.

Nous ne bougions plus... Le silence était complet !

- « Ah, les vauriens ! Je sais que vous êtes là », jurait le bonhomme.

La lumière s'éloignait. Aussitôt, le tic-tac reprenait de plus belle !

Pendant « les fechnattes », à la mi-carême, perchés sur le mur du Parterre comme de coutume, nous débitions notre liste de promis et de promises...

Non content d'écouter à la fenêtre comme tous les villageois, notre homme nous suivit et se dissimula dans un coin d'ombre.

On le pourchassa à travers les ruelles jusqu'à ce qu'il rentre chez lui. Nullement guéri de son aventure, notre curieux se trouvait encore au feu de la Saint-Jean. Mêlé à la foule insouciante et joyeuse, il sautait et dansait autour du brasier parmi les jeunes. Enervés par cette surveillance, deux garçons le saisirent, l'un par les bras, l'autre par les jambes et le « vannèrent » [1] convenablement. L'action punitive terminée, sous les quolibets, il fût remis sur ses pieds. Sans crier gare, il s'enfuit dans la nuit.

Autour de la table, la conversation dévie ; les invités parlent du jour suivant. Le lundi de la fête patronale reste férié et, après la messe offerte pour les défunts de la paroisse, les festivités continuent par le « jeu du coq ».

Le forain tenancier du bal, offre un coq ou un lapin au vainqueur de la compétition. Munis d'une longue perche, ceux qui désirent jouer se rendent dans le pré derrière le café. On pose un oeuf au milieu d'un grand cercle tracé sur le sol. Les amateurs se présentent, paient

---

(1) - secouer de droite à gauche comme le van d'un moulin

leur écot pour tenter de casser l'oeuf... Yeux bandés, à tour de rôle, les candidats lèvent la gaule, s'orientent et, avec un « han », frappent la terre.

- « Raté, au suivant !... Encore manqué !... »

La monnaie s'entasse dans le chapeau du forain.

Chacun essaie ses talents... Et, parmi les cris de victoire, l'oeuf est cassé. On félicite le gagnant qui emporte son lot ; ce sera lui le héros de la fête. Il mènera la danse « du tapis » ou celle « du balai », le soir pour « le dernier bal », celui des gens du village.

L'heureux gaillard, aura le privilège, au cours d'une danse, de porter le premier « le tapis » à la jeune fille qu'il préfère. Elle s'agenouillera et l'embrassera ; après quelques tours de danse elle ira à son tour chercher un jeune homme, et la danse continuera...

Pour la danse « du balai », une personne tape le balai au milieu des danseurs, le laisse tomber... Il faut impérativement changer de cavalier. Celui ou celle qui reste seul, reprend le balai.

Le rythme de la « soyotte » termine souvent le bal du lundi soir.

Quant à notre jeu de quilles, pour nous, il est aussi précieux que celui, en or, dit-on, caché dans les souterrains du Roemersberg ! Curieux... Personne ne songe à fouiller les vestiges de cette citadelle romaine. On peut imaginer combien les soldats de Jules César prisaient ce jeu !

Ici, nous n'avons pas de boule en or ; mais elle est tournée dans un bois spécial. Avant la partie, certains superstitieux, la caressent, d'autres crachent dessus pour conjurer le mauvais sort...

Elle roule, roule... Des quilles tombent, le « requilleur » [1] se précipite ; « rampeau » : de part

---

(1) - celui qui redresse les quilles

et d'autre, les points sont égaux... La partie est à recommancer.

Les joueurs discutent, parlementent, les controverses se terminent par des rires et des bourrades amicales.

•••

Le repas terminé, les invités se rendent sur la place du village où sont installés « les jeux de sucre » [1]

Des jeunes gens très adroits, se bousculent devant une énorme roulotte : « Le Truc-à-Bana » ; ils exercent leur adresse en tirant des lots, bibelots de verre ou de porcelaine, qu'ils offriront à l'élue de leur coeur.

- « Tu n'aimerais pas une de ces poupées, Madeleine ? »

- « Non », répond la petite.

- « Des bonbons ? »

- « Non ; mais si tu veux, achète-moi ce cheval gris avec sa charrette, là regarde dans le coin. »

- « Mais c'est un jouet de garçon ! Tu ne voudrais pas une poupée comme tes cousines ? »

- « Non ; moi, j'aime les chevaux ! »

La petite fille revient à la maison forestière, les mains serrés sur son cadeau princier : une voiturette tirée par un cheval gris en fer blanc !

D'habitude, la gamine admirative, ne perd rien de la traversée de l'étang. Pourtant, aujourd'hui, elle n'entend pas le vol bruyant d'une tribu de colverts ; ne voit pas la fuite éperdue d'une couvée de poules d'eau.

Nénêne rêve... Ses yeux attendris, posés sur son trésor : le minuscule cheval gris et sa charrette !

(1) - stands où les forains vendent bonbons et jouets

•••

Cependant, au cours de la nuit, l'enfant se souvient d'une conversation qui l'avait intriguée pendant le repas chez grand-mère Eugénie.

« Ah... Oui... Des contrebandiers ! ». C'est bien la première fois qu'elle entendait ce mot barbare : « Contrebandiers ! » ... Elle a compris que ces hommes se cachent de jour et viennent subrepticement frapper aux portes pendant la nuit.

A table, au milieu des invités, elle réprimait à peine un frisson de crainte... Maintenant, c'est différent : il fait nuit, elle est seule dans son lit. Elle imagine ces étrangers qui parlent une autre langue... Et, s'ils emportaient les petites filles dans les sacs qu'ils dissimulent dans de grosses automobiles ; s'ils la perdaient derrière une meule ? Tout à fait réveillée, elle pousse un cri de terreur...

La mère accourt... C'est un cauchemar ! Maman doit expliquer ! Ces hommes venus de Sarre parlent l'Allemand. Ils se cachent parcequ'ils sont en infraction. Ils vendent des tabacs, des cigares, des cigarettes en fraude, sans payer de taxes. Les douaniers les recherchent.

Ces hommes ne font pas de mal aux villageois. Certains, mais c'est défendu, leur achètent de quoi fumer bon marché.

Quand les gendarmes arrivent... les grosses « Ford » noires ont disparu dans la nature... Et, personne n'a rien vu !

•••

Peu de temps après ce jour mémorable, Emile venu de Nancy, se promène en compagnie de sa nièce qui le convie à admirer la plante avec laquelle sa grand-mère de Guermange confectionne de si bonnes tartes !

L'oncle perplexe se laisse entraîner devant la superbe touffe de menthe :

- « C'est avec ça qu'on fait de la tarte ! »

Emile comprend la méprise de la gamine ; en riant, aidé par les parents, il explique que, menthe et amandes, sont deux produits différents, à ne pas confondre...

Dans la maison forestière, la vie remplie par le labeur et les humbles joies quotidiennes, coule sans heurts.

Les champs, la forêt, les étangs et, par-dessus le ciel, sont le livre d'images de la famille... Un grand livre où les clichés se renouvellent à chaque saison.

- « C'est dimanche ; que faisons-nous cet après-midi ? » demande Paul en finissant un délicieux plat de champignons à la crème.

- « Il fait peut-être trop chaud pour descendre à l'embarcadère et aller nous promener sur l'eau ? Si nous allions nous reposer sur la mousse de la clairière ? »

- « Alors, prenons une couverture » ...

Suivie de Diane, la famille se dirige vers le sentier.

Clémence s'arrête sous les sapins, le talus lui permet de s'asseoir plus commodément. Elle sort un chapelet de sa poche.

Paul et Berthe s'allongent sur la mousse moelleuse. Diane les imite, suit d'un oeil les gambades de sa jeune protégée. Nénêne folâtre, poursuit de légers pappillons bleus, cueille une fleur, trébuche et vient se blottir entre ses parents.

Un rayon de soleil filtre sous les épais ombrages et, coquin, projette un rai de lumière sur les yeux endormis.

Un oiseau pépie. Le pivert inlassable cherche sa pitance : ploc - ploc - ploc ! Une douce sérénité plane sur la clairière... mais !...

- « Il faut rentrer, voici les « balouattes » [(1)], ronchonne Paul en s'émouchant. Très fins, très énervants, ils s'insinuent dans les yeux, la bouche, se collent à la peau et piquent comme une multitude d'aiguilles.

...

- « Puisque grand-mère te surveille, je vais plumer les oies et les canards ; c'est la saison, le duvet est mûr, les volailles perdent leurs plumes ! », décrète Berthe qui enfile une longue blouse et noue un grand mouchoir sur ses cheveux. Elle prépare des corbeilles, des sacs de toile grise ; puis, choisit un coin de cour bien abrité : le moindre souffle de vent emporterait les plumes.

Enfermés depuis la veille, les volatiles caquètent, mènent beau tapage.

Berthe les cherche les uns après les autres. Affolés, ils se défendent à coups d'ailes ; des becs agressifs se tendent et sifflent. La ménagère tient la tête d'une oie sous son bras, enserre les pattes entre ses genoux et, de ses mains libres, plume avec dextérité aux seuls endroits connus d'elle. Mûr, le fin duvet s'enlève facilement, de nouvelles plumes sont prêtes à s'épanouir. Dans sa position inconfortable, l'oie pousse parfois un léger cri ; mais le supplice ne dure que quelques minutes. L'oiseau libéré se secoue énergiquement, fait voler des plumes et aidés de ses ailes, court vers la mare, s'ébat voluptueusement pour se remettre de ses émotions.

Son ouvrage terminé, Berthe satisfaite enserre sa récolte dans des sacs de toile et les met sécher au soleil ; en hiver elle pourra confectionner des édredons chauds et légers.

Pendant ce temps, assise sur le banc, la grand-mère écosse des pois et raconte une histoire. Accroupie à ses pieds, l'enfant plonge ses mains dans la corbeille, fait

---

(1) - balouattes : moucherons

couler les grains entre ses doigts et ne perd pas un mot du récit maintes et maintes fois répété.

La gamine questionne, veut des détails, ses idées bouillonnent.

- « Cendrillon, le Petit Poucet, le Chat-Botté, Jeannot-Lapin... C'est peut-être un Lièvre de Pâques ? Et ses oeufs ? Pourquoi n'apporte-t-il des oeufs qu'une seule fois dans l'année ? »

- « Dis, grand-mère, les lièvres vivent en forêt tout le temps ? »

- « Mais oui, pourquoi ? »

- « Alors le lièvre de Pâques où se cache-t-il ? On ne le voit jamais ! Il doit avoir un gros nid, avec plein d'oeufs en chocolat », ajoute la petite fille en se pourléchant les lèvres.

- « Il se tient sûrement caché dans les fourrés ? Papa devrait le voir, même Diane ne l'a pas encore trouvé ! »

Les grands yeux innocents interrogent...

- « Je ne sais pas ! Tu demanderas à ton père ! », répond l'aïeule, cachant un sourire embarrassé derrière ses lunettes.

•••

Un certain jour, Berthe dit à sa fille :

- « Ta marraine va prononcer ses voeux perpétuels ; ce sera probablement le dernière fois que tu pourras l'embrasser. Une grande fête se prépare au Carmel. Nous irons tous assister à cette cérémonie. »

- « Je serai bien contente de revoir marraine ; mais c'est sûr, maman va encore me mettre le gros ruban et les souliers vernis ! Dommage, mais Monsieur Dumont nous emmènera à la gare avec la calèche et le cheval ! Chic ! Chic ! »

...

Un matin, très tôt, le train emporte la famille vers Metz. La gamine, le nez collé à la vitre, regarde défiler les forêts et les champs le long de la voie. Les maisons et les villages ressemblent à des jouets de carton ; les rivières enlacent les prairies comme des rubans perdus par une fée.

Metz... La locomotive se range le long d'un quai ; mugissante et essoufflée, sa cheminée exhale une fumée âcre. Affolée par le trafic intense des convois, le ferraillement et les cris, Madeleine cache son visage contre le bras de son père.

Clémence ne peut plus marcher trop longtemps. Un tramway brinqueballe dans la rue et la famille s'y entasse. Nénêne, pelotonnée entre ses parents, s'intéresse à la clochette qui tinte à chaque arrêt.

- « Et toutes ces personnes qui montent et descendent du « train », elles sont toujours pressées, elles courent comme des fourmis ! Cette machine va plus vite que la calèche ; mais j'aime mieux les chevaux », songe l'enfant en lorgnant la casquette du wattman.

A pieds, la famille s'engage dans l'étroite rue des Trinitaires. Le Carmel est en fête ; son lourd vantail au guichet grillagé est largement ouvert pour accueillir les invités. Gabrielle, souriante, se précipite au-devant de sa mère, de sa soeur et de Paul.

« Marraine ! » Madeleine se jette dans les bras tendus.

Emile et Lucien sont là avec leurs familles.

- « Comme tu es belle ! Tu as mis un voile et une couronne. »

L'enfant croit comprendre :

- « Je sais ! C'est comme mon oncle Lucien ! Tu seras la belle dame, tu vas te marier ! Mais pourquoi grand-mère et maman sont-elles si tristes ? Ah ! C'est le marié qui est en retard ? Dis maman, où est le marié ? Oui, le monsieur de ma marraine ? »

Berthe reste sans voix...

Gabrielle sourit, serre l'enfant dans ses bras, explique :

- « Mon fiancé est au ciel, c'est le Bon Dieu ! »

- « Ah ?... Je le verrai ? »

- « Non, ma chérie, mais Lui nous voit ! Il nous aime et Il est avec nous. N'ai-je pas bien choisi ? Il est beau, mon fiancé ? »

- « Il a une grande barbe », fait la gamine contrariée.

La novice poursuit :

- « En religion, je ne m'appellerai plus Gabrielle, mais Soeur Marie-Thérèse. Tout à l'heure, on va me couper les cheveux, m'enlever ma jolie robe blanche... Désormais, je ne porterai plus que des vêtements bruns et un voile noir ; c'est la tenue de l'Ordre ! C'est ainsi, quand on se consacre au Seigneur ! Mais je suis heureuse ! Et toi, ma petite Madeleine que j'aime tant, je ne pourrai plus t'embrasser sur la joue ; mais mon coeur te suivra. Tu ne me verras plus que derrière une grille ! J'espère que tu viendras quand-même me rendre une petite visite de temps à autre ? »

Les parents, très émus, essuient leurs yeux. La petite fille sanglote sans savoir trop pourquoi ; parce qu'elle voit ses parents pleurer doucement.

Des étoiles plein les yeux, Gabrielle console toute la famille ; une dernière fois, elle serre les siens sur son coeur... C'est un adieu... le dernier !...

Sans se retourner, la jeune novice rejoint ses compagnes. D'un pas léger, elle part suivre son Dieu ; pour Lui, elle accepte cette vie austère qui sera la sienne, la clôture, les privations, la pénitence.

Tous les invités se rendent à la chapelle pour assister à la longue cérémonie de consécration.

Dans le choeur, sur un drap noir, les jeunes novices s'étendent face contre terre et les bras en croix. L'Evêque les bénit et, après les avoir relevées, leur passe un anneau au doigt, symbole de leur union avec le Christ. Avec humilité, les novices s'agenouillent devant la Supérieure de la Congrégation. En gestes compassés, la « Révérende Mère » enlève les couronnes, les voiles blancs et, de ses ciseaux, coupe les cheveux de ses « Filles ». Les mèches brunes, les mèches blondes, s'emmêlent et tombent dans une corbeille tenue par une soeur. Dieu n'a pas besoin de parures inutiles, la vie mondaine est finie. Les ciseaux crissent,... crissent et dénudent les têtes juvéniles.

Berthe réprime un sanglot. Nénêne passe une main furtive dans ses cheveux.

- « La soeur ne va pas me couper les cheveux tout de même ! Mais si elle prenait le gros noeud qui les retient, je ne serais pas fâchée ! »

Les novices, sont coiffées d'une cornette blanche recouverte d'un voile noir ; puis, on leur pose l'habit monacal sur les bras : une robe et un scapulaire bruns, une mante crème pour recouvrir les épaules.

Berthe pleure ; sa gentille soeurette ne reviendra plus illuminer la maison forestière de son sourire.

Paul essuie discrètement ses yeux.

Clémence, très droite, reste impassible, ses doigts serrés sur le chapelet qui ne la quitte jamais... Seules, ses mains crispées, usées par les labeurs, tremblent et témoignent d'un grand bouleversement.

- « Marraine ! Marraine ? », gémit soudain Madeleine, au milieu de ses pleurs. On lui intime le silence.

Des cantiques s'élèvent... Des voix légères entonnent « le Magnificat » ... Une lente procession s'avance dans la travée centrale de la chapelle. Un cierge allumé dans la main, sans tourner la tête, les religieuses défilent, toutes semblables : une procession de robes brunes et de voiles noirs !

Nénêne affolée, ne reconnaît plus sa marraine !

Sur un côté du choeur, une grille s'ouvre et les

carmélites, les unes après les autres, partent vers leur destin, l'oubli du monde.

La grille grince, glisse, se referme lentement. Une chape de plomb s'abat sur le coeur de Madeleine, trop jeune pour comprendre la grandeur et la signification de la cérémonie. Elle ne sait qu'une chose, c'est que sa marraine ne pourra plus venir à la Breite ni jouer avec elle.

- « Elle s'est donnée au Seigneur, elle est consacrée », dit grand-mère Clémence avec ferveur.

- « Comme si le bon Dieu exigeait que ma marraine reste en prison derrière des barreaux ! Papa m'a dit qu'on met les malfaiteurs en prison derrière des barreaux ! Et ma marraine est si gentille, elle n'a jamais fait de mal ! Et puis, elle prie tout le temps, je l'ai vue ! » Songe la gamine, l'esprit en déroute.

- « Allez voir marraine derrière des barreaux ? Ah non ! Je passerai mes mains au travers des grilles pour la toucher et lui dire que je l'aime. Voilà ! Le Petit Jésus ne sera pas fâché, j'en suis sûre ! », ronchonne Nénêne.

•••

A la maison forestière la vie reprend son cours... Grand-mère Eugénie vient en visite avec toute la famille de Louis. Nénêne oublie son chagrin et joue avec ses cousines.

Raymond arrive de Zommange ; la gamine aime beaucoup ce parrain, qui, pour elle, se départit de sa rigidité un peu froide.

Cependant, Nénêne a surpris des chuchotis parmi les grandes personnes ; l'esprit en éveil, elle écoute :

- « Oui pénible... le bébé trop gros se présentait mal... on a mis des forceps » ...

234

Chose curieuse, quand on a vu la petite on s'est regardé et tous se sont tus !

- « Drôle d'histoire, ces machins », songe la gamine intriguée.

Un jour, la mère lassée de jardiner, vient se glisser à l'ombre auprès de sa fille et de Diane. Avec satisfaction elle retire sa halette [1], s'étend sur l'herbe pour jouir de la fraîcheur.

Soudain une petite voix déterminée questionne :

- « Dis maman, les petits garçons naissent dans les choux et il y a bien des choux dans notre jardin ? Je n'y trouve jamais de bébé ; je voudrais bien avoir un petit frère ! Même une petite soeur, ça ne fait rien ! Nous pourrions jouer avec Diane ?

Pourquoi mon parrain a dit que tante était malade ; et puis... pourquoi ?... pourquoi ?

Prise de court, Berthe rougissante, dit très vite :

- « Parce que la tante a mangé trop de soupe. » Ah ! ce n'est pas tombé dans l'oreille d'une sourde.

- « Je croyais qu'on trouvait les bébés dans les choux ou les roses »

- « Oui ; mais, c'est seulement dans le jardin de la sage-femme qu'ils poussent ; c'est elle qui les apporte et il faut les payer très cher ! »

- « Alors je casserai ma tirelire pour te donner mes sous, et tu achèteras un bébé ! »

- « On verra, ma chérie », fait maman en embrassant sa fille.

•••

---

[1] - Coiffe paysanne Lorraine

Un soir d'été, Nénêne voit revenir un chariot de foin garni de branchages, de rubans et de fleurs en papier...

Assis dans le foin, des garçons et des filles chantent, gesticulent amicalement en passant devant chez le garde.

- « Encore une fois des rubans, et des fleurs », songe la gamine.

- « Ce n'est tout de même pas une noce ? Papa, pourquoi les gens de Monsieur Dumont ont-ils mis des branches et des rubans sur la voiture de foin ? »

- « Parce que la fenaison terminée, les valets, les ouvriers, sont heureux ! Le patron va « tuer le chien » !

- « Tuer le chien ?... Tuer le chien ?... Et les gens chantent ? »

Madeleine horrifiée, prend Diane par le cou :

- « Tu es mon bon chien, et jamais, jamais, je ne voudrais qu'on te tue ! »

D'une langue affectueuse, Diane caresse le petit visage affolé.

- « Mais non, voyons, c'est une façon de parler, petit bêta !...

On ne tue pas de chien, ni de chat ; mais, à cette occasion, la patronne cuisine un bon repas pour tous les manoeuvres et ceux qui ont travaillé à la récolte des foins. Le repas largement arrosé, se terminera tard dans la nuit, on chantera.

Le bouquet enrubanné sera accroché, bien en vue, sur la façade de la ferme, il y restera jusqu'à ce que la pluie et le vent l'aient abîmé.

C'est une coutume et, parmi les agriculteurs, c'est à qui suspendra le premier « le bouquet ». Les travaux de fenaison terminés, on peut attendre la moisson en toute tranquillité ! »

« Ah ! », fait la gamine soulagée, en se roulant dans l'herbe avec Diane.

- « Aujourd'hui, c'est permis de faire ce qu'on veut... Ce n'est pas dimanche,... Et je n'ai pas de ruban dans les cheveux ! »

•••

Grand-mère Clémence présumait trop de ses forces ; fatiguée, elle vient se reposer à la maison forestière. Malgré sa volonté, elle ne court plus dans les sentiers fleuris, ni dans les champs, à la recherche de plantes médicinales.

Par une matinée ensoleillée, Madeleine appelle :

- « Grand-mère, grand-mère, où es-tu ? »

- « Ici, à l'ombre, ma petite fille », répond-elle d'une voix douce, un peu altérée.

L'enfant accourt, suivie de Diane. La grand-mère, assise sur une racine apparente à l'ombre des sapins, semble loin... très loin. Ses mains, toujours si actives, reposent inertes sur son giron ; seules les lèvres fanées bougent.

- « Qu'est-ce que tu fais, mémé ? »

- « Je récite mon Rosaire », répond-elle, en sortant son chapelet des plis de son jupon.

- « Alors, dis tout haut ! » réclame la gamine, elle l'embrasse, puis appuie son menton sur les genoux de l'aïeule.

- « Hé bien, écoute » ...

De toute sa ferveur, grand-mère récite un « pater », des « avé ». Entre ses doigts, les grains du chapelet glissent lentement... trop lentement, au gré de la petite fille.

- « Mais, je sais aussi ; attends, je vais t'aider : Notre Père... Je vous salue Marie... La voix fraîche se mêle à la voix fêlée. Ca ira plus vite ; ensuite, tu viendras chercher des fleurs avec moi ? »

- « Oui, si tu veux », accepte la vieille femme, sans conviction. Malheureusement, elle n'a sûrement pas envie de marcher, elle prolonge ses oraisons, raconte la vie du Christ. Nénêne, attentive, ne perd pas un mot du récit. Conquise elle interroge, ses yeux rivés aux lèvres de la conteuse. Un rayon de soleil joue sur le chapelet, fait briller les grains noirs, caresse les mains fanées, s'attarde sur les boucles blondes et les cheveux gris.

Une mouche bourdonne, obsédante ; les oreilles de Diane frémissent, d'un coup de patte elle chasse l'insecte.

Des oiseaux curieux volètent tout autour du trio. Empêtré dans la mousse, un scarabée bleu déambule... Le maladroit ! De minuscules araignées, tendent leurs fils entre deux brindilles.

Rêveuse, Madeleine se tait... « Sais-tu, lui glisse grand-mère à l'oreille, que c'est la fête de ta maman aujourd'hui ? Viens, allons cueillir ce joli chevrefeuille, tout parfumé ; nous irons ensuite chercher des lys et quelques roses au jardin pour faire un bouquet . »

- « Je croyais que tu ne voulais pas que je coupe les lys ? »

- « Oui, c'est vrai ; ils sont si beaux, qu'il faut en prendre soin ; mais pour ta maman, nous ferons une exception ! Tu sais que les vertus du lys égalent sa beauté ! Je ramasse les pétales et les mets à macérer dans de l'eau-de-vie ; je les applique sur les petites plaies et les bobos, c'est un remède souverain ! »

- « Ma grand-mère de Guermange met du plantain en croix sur mes doigts quand je me coupe ou je me brûle, et elle souffle dessus ! Et, ça ne fait plus mal ! »

- « Ce sont des « secrets de guérisseurs » qu'on se transmet de bouche à oreille, de mère en fille... Certains guérissent les verrues en les frottant longuement avec une couenne de lard qu'on enfouit ensuite dans le fumier. La légende superstitieuse affirme que lorsque la couenne sera putrifiée, la verrue disparaîtra.

Pour ma part j'emploie simplement le suc de

chélidoine. Appliqué régulièrement sur les verrues, il les résorbe.

Dans certains villages, des rebouteux exercent leurs talents. C'est vrai, ils peuvent remettre un membre démis, masser un muscle foulé, ils possèdent des notions d'anatomie... Mais il ne faut pas croire à leurs pouvoirs magiques ! Ce sont des malins qui exploitent la crédulité malsaine des pauvres gens. Beaucoup s'y font prendre ! Tu comprendras cela plus tard.

Viens, retournons à l'ombre pour achever notre bouquet ! »

- Qu'est-ce que je dirai à maman ?

- Tu lui offriras ton bouquet, tu l'embrasseras et tu diras : « bonne fête, maman ! »

Blotties l'une contre l'autre, l'aïeule et sa petite fille confectionnent le bouquet parfumé. Les doigts noueux s'emmêlent aux doigts menus et fébriles.

C'est ainsi que Berthe retrouve sa mère et sa fille.

- « Oh, le joli bouquet ! C'est pour qui ? »

- « Pour toi, maman ! Bonne fête maman ! », Nénêne s'élance dans les bras ouverts.

Le soleil éclabousse le toit de tuiles rouges de la maison forestière... L'inoubliable maison de la forêt.

...

ÉPILOGUE

A vivre dans cet univers de légendes, de travail, de prières, la petite Nénêne devint sensible, trop sensible... pour être tout à fait heureuse. Comme ses forêts profondes, ses étangs nostalgiques, son ciel tourmenté, tout l'émeut.

Que dire de ses amitiés ? La timidité, la hantise de peiner, la rendent parfois maladroite ! A soixante-dix ans, elle devrait être blasée... Cependant, comme elle aimait sa maison forestière... elle voudrait aimer ceux qui l'entourent, les voir heureux... Et ce coeur toujours jeune, vibre, se souvient !

Une personnalité très attachante, venue de Tarquimpol vient de lui raconter un dernier fait authentique, qu'on ne retrouvera pas dans les récits précédents et, avant de finir cet ouvrage, elle le livre à l'opinion de ses lecteurs :

Qui donc a dit que les sorcières n'existaient pas ? Peut-être n'étaient-elles pas habitées par les démons ? Mais elles devaient posséder une intelligence exceptionnelle, une certaine force intellectuelle pour subjuguer... Telle la Gayette de Tarquimpol qui fut « étranglée [1] et brûlée en cendre sur la Place de la Saline de Dieuze, après avoir fait amende honorable de tous [2] ses crimes et diableries, et en avoir demandé pardon à Dieu. »

Cette exécution eut lieu le 24 juin 1609, jour de la Saint-Jean, devant une foule en liesse, heureuse d'être délivrée de la sorcière. Elle sévissait aux alentours, faisait périr les chevaux ou les vaches, selon son humeur. Elle hantait les villages de Guermange, Assenoncourt, Gélucourt, Lindre et Tarquimpol où elle s'était mariée. Elle avait le don de guérir en soufflant son haleine ; mais aussi, celui de faire mourir et de semer la mésentente dans les jeunes ménages.

A son procès, après « la torture », elle affirmait que montée sur une fourche, elle allait danser dos à dos avec d'autres sorcières. Une certaine nuit, elles se réunirent au-dessus de l'étang de Lindre et frappèrent l'eau avec des verges pour déclencher la grêle et ravager les vendanges. Heureusement, les cloches de Lindre-Haute sonnèrent et firent échouer ce projet diabolique.

Maintenant ces légendes qui nous font sourire, sont passées de mode, oubliées. Cependant, notre région des Etangs, du Saulnois, cache encore bien des mystères avec ses plans d'eau cernés de roselières où les brumes prennent des formes fantastiques, telle la « Dame Blanche [3]. »

A cette évocation, insidieux, un frisson glisse entre mes épaules...

---

(1) et (2) - Etienne Barthelemy d'Alteville, habitant à Tarquimpol a eu la gentillesse de me prêter un manuscrit où sont relatés ces faits.
(3) - Elle s'élevait au-dessus d'un étang, quand son preux chevalier survenait pendant la nuit.

C'est vrai, la science démontre que sous la torture, « les grésillons [1], l'échelle [2], les tortillons [3] », on ne pouvait qu'avouer tout ce qu'on voulait. Sorciers et sorcières, l'étaient-ils ?

... Mais, comme grand-mère Clémence disait à la petite Nénêne : « Sous le regard du Tout-Puissant, ces diableries ne nous atteindront pas ! Et, en l'an 2000, que diront nos descendants ?

---

[1], [2], [3] - instruments de torture

table des matières

I	Berthe	5
II	Paul	73
III	La rencontre	105
IV	La séparation	121
V	Les retrouvailles	141
VI	La maison de la forêt	153
VII	Des yeux qui s'ouvrent	183
VIII	La sauvageonne	201
IX	Epilogue	241

Remerciements

J'ai obtenu l'assentiment des intéressés. Je les remercie tous ; en particulier : Monsieur E. Barthelémy de Tarquimpol, les familles Dumont et Chenel ; les familles Guerbert de Vahl, les habitants d'Assenoncourt et de Guermange : Monsieur Gaspard, Monsieur R. Chrétien ; les familles Adelé, Sehaal-Petitjean, Laurent, Lallement et Pilchen. Mais aussi, Monsieur J. Renner et Monsieur M. Henry ; sans oublier, tous ceux qui retrouveront une trace de leur passé.

Dans la même collection :

- *L'enfant à la licorne* de Guy Pichegru
- *Le lac enchanté et la mésange noire* de Guy Pichegru
- *Tu feras du boudin de mon sang* de Lionel Raux
- *Les mystères de l'Est*
- *La chasse aux Doryphores* de Raymond Vuillemin - Roman
- *Au carrefour de l'Amour* de Henriette Méline - Roman
- *Claire-obscure* de Michèle Henry-Boisseau - Roman
- *La pierre de la Saint-Jean* de Bérangère - Roman
- *Florentin, Maître d'Ecole* de Jean Fléchon - Roman
- *La victoire des Vingt Culs* de Raymond Vuillemin - Roman (suite de la Chasse aux Doryphores)

Achevé d'imprimer
en septembre 1990
sur les presses de
Vagner Imprimeur
à Jarville-La Malgrange
pour Editions de l'Est
Dépôt légal : 3e trimestre 1990
ISBN 2-86955-093-6

PHOTOGRAVURE
HOUDEMONT
B.P. 35 - 54181 HEILLECOURT CEDEX
TEL. 83.56.44.12
FAX : 83.56.04.29

Prix : 80 F
(à la date du lancement)

Zone d'activités Gabriel-Fauré - B.P. 50 - 54140 Jarville-La Malgrange - Téléphone 83.56.76.77